中学
英熟語
500

受験研究社

本書の 📖 構成と特長 ①

● 本書には，中学1年生から私立高校入試まで幅広く対応できる500の英熟語が掲載されています。

● この500の英熟語を4つのレベルに分けてまとめ，さらに各レベル内では見開きページを1STEPとして学習できる構成です。

● 500の英熟語のほかに，100の会話表現を本書の最後にまとめました。

☑ 見出し熟語

教科書や公立高校・私立高校入試の出現をもとに英熟語が選び抜かれています。
会話表現も，教科書や入試の出現状況をもとに厳選しました。

☑ 見出し熟語意味

赤字の意味は特に重要です。消えるフィルターでかくしながら繰り返し学習しましょう。

☑ 関連情報

見出し熟語に関する使い方や補足説明，関連する表現，具体的な短い使用例などを掲載しました。入試対策となる説明も含まれています。見出し熟語といっしょに定着をはかりましょう。

LEVEL 3 | **STEP 36** | **272 ▷ 279** 中学3年生・公立高校入試レベル

272 ☑ **make a plan** 計画を立てる
● 「〜の〈計画〉」は for 〜。「〜する〈計画〉」は不定詞の to 〜 を続ける。make plans to travel abroad 「外国旅行をする計画を立てる」

273 ☑ **prepare for 〜** 〜の準備をする，〜に備える
● prepare for disaster 「災害に備える」

274 ☑ **hundreds of 〜** 何百もの〜，多数の〜
● 漠然と多い数を表す。 ● hundreds と複数形にして，〈〜〉は複数を表す名詞を用いる。
● thousands of 〜 「何千もの〜」(282)

275 ☑ **for a while** しばらくの間
● この while は名詞。ふつう a while の形で「期間，時間」という意味を表す。
● after a while は「しばらくして」。

276 ☑ **wish to 〜** 〜したいと思う
● to 〜 は不定詞。want to 〜 (94)よりも堅い表現。
● wish for 〜 「〜を望む[願う]」

277 ☑ **cut off** 〜を切り取る
● 本体からその一部を切り離すことを表す。

278 ☑ **in total** 合計で
● この total は「合計」という名詞。

279 ☑ **at any time** いつでも
● at が省略される any time や，1語の anytime でも表せる。

中学校で学ぶ英熟語を学年順に LEVEL 1・2に，入試対策の学習ができる英熟語を
LEVEL 3・4にまとめました。

LEVEL 1	中学 1・2 年生レベル
LEVEL 2	中学 2・3 年生レベル
LEVEL 3	中学 3 年生・公立高校入試レベル
LEVEL 4	私立高校入試レベル

会話表現	中学 1 年生から入試レベル

Have you made plans for the summer vacation?

夏休みの計画を立てましたか。

I got up early to prepare for the party.

私はパーティーの準備をするために早く起きた。

This tree has been here for hundreds of years.

この木は何百年も前からここにある。

I looked around for a while but could not find him.

私はしばらくの間あたりを見回したが，彼を見つけられなかった。

He wishes to take part in this volunteer activity, too.

彼も このボランティア活動に参加 したいと思っていま

She cut off her long hair for a movie role.

彼女は映画の役のために長い髪 っさり切った。

How much is it in total?

いくらですか。

We can buy things through the Internet from home at any time.

私たちはインターネットによって自宅からいつでも買い物ができる。

89

☑ 熟語数バー

各レベルでの学習の進み具合を一目
で確認できます。

☑ 例文

見出し熟語の典型的な使われ方や，
関連情報の説明を例文で確認できま
す。また，すでに学んだ見出し熟語
が例文中に繰り返し出てきて，自動
的に復習もできるしくみです。見出
し熟語を含む頻出表現の箇所は，下
線で示されています。

☑ 例文和訳

和訳から例文を思い浮かべられるよ
う練習しましょう。

☑ 消えるフィルターの
活用

例文中の見出し熟語や，和訳中の見
出し熟語の意味を，消えるフィルター
でそれぞれかくしながら学習できます。
また，関連情報内の日本語もかくし
ながら使うことができます。

3

本書の 📖 構成と特長 ②

- Reviewは，学んだ500の英熟語をどれだけ覚えているかすばやく確認できるコーナーです。
- LEVEL 1, 2, 4はそれぞれ最後に1か所，LEVEL 3は合計3か所に設けました。

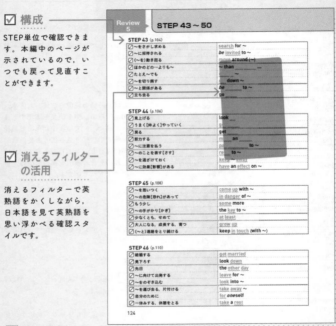

☑ 構成

STEP単位で確認できます。本編中のページが示されているので，いつでも戻って見直すことができます。

☑ 消えるフィルターの活用

消えるフィルターで英熟語をかくしながら，日本語を見て英熟語を思い浮かべる確認スタイルです。

Review 5　STEP 43〜50

STEP 43 (p.104)
☑ 〜をさがし求める	search for 〜
☑ 〜に招待される	be invited to 〜
☑ (〜を)動き回る	move around (〜)
☑ ほかのどの〜よりも〜	〜 than ...
☑ たとえ〜でも	down 〜
☑ 〜をやり直す	
☑ 〜と関係がある	be to 〜
☑ 立ち去る	go

STEP 44 (p.106)
☑ 見上げる	look
☑ うまく【仲よく】やっていく	g
☑ 戻る	get
☑ 努力する	m an
☑ 〜に注意を払う	p to 〜
☑ 〜のことを表す【さす】	re to 〜
☑ 〜を遠ざけておく	keep
☑ 〜に効果【影響】がある	have an effect on 〜

STEP 45 (p.108)
☑ 〜を思いつく	come up with 〜
☑ 〜の危険【恐れ】があって	in danger of 〜
☑ もう少し	some more
☑ 〜の手がかり【かぎ】	the key to 〜
☑ 少なくとも，せめて	at least
☑ 大人になる，成長する，育つ	grow up
☑ (〜と)連絡をとり続ける	keep in touch (with 〜)

STEP 46 (p.110)
☑ 結婚する	get married
☑ 見下ろす	look down
☑ 先日	the other day
☑ 〜に向けて出発する	leave for 〜
☑ 〜をのぞき込む	look into 〜
☑ 〜を運び去る，片付ける	take away 〜
☑ 自分のために	for oneself
☑ 一休みする，休憩をとる	take a rest

124

☑ 使い方例

❶ STEPごとに確認しながら，できなかった箇所を本編に戻って確認する。
❷ LEVELごとに総復習としてすべてを確認する。
など，使い方はさまざまです。チェックボックスも活用しながら，学習した英熟語を完全に覚えられた状態にまで仕上げましょう。

目　次

本書の記号一覧

( )	省略や補足説明。 〔例〕No. 64：take a look (at 〜)「(〜を) ちょっと見る」 → take a look「ちょっと見る」，take a look at 〜「〜をちょっと見る」
[ ]	言い換え・置き換え。 〔例〕No. 12：There is [are] 〜. → There is 〜., There are 〜.
〈 〉	語順や文法的な構造・用語を示す場合。 〔例〕No. 172：〈tell＋人＋不定詞〉
(34)など	( )内の見出し熟語・会話表現の番号として掲載。
be	am, are, is, was, wereの代用。
one's	my, your, his, her, its, theirの代用。
*one*self	myself, yourself, himself, herself, itself, ourselves, yourselves, themselvesの代用。
=	同意表現
⇔	反意表現

QRコード・ダウンロード

 左側のQRコードをスマートフォンなどで読み込むと，音声再生のためのページが表示されます。画面は**LEVEL一覧→STEP一覧→本文ページ**の順で推移し，STEP一覧の画面内で再生ボタンを押すと，そのSTEPの「見出し熟語→意味→見出し熟語→例文 (英文)」の順で音声が再生されます。**本文ページ**内では，グレー部分をタップすると音声が再生されます。また，音声データ(mp3)は，ホームページからもダウンロードできます。

LEVEL

1

中学1・2年生レベル

STEP 1〜13 | 100熟語（ 1 ▶ 100 ）

中学1・2年生でおもに学習する英熟語です。

どの英熟語も，各教科書に取り上げられている基本的なものばかりです。この段階で確実に身につけて，表現の土台を作りましょう。

関連情報には，熟語の理解を深める情報や，よく使われる表現が収められています。同意表現（＝）や反意表現（⇔）は，表現の幅を広げるチャンスです。あわせて覚えてしまいましょう。

関連情報内の表現には，例文中で確認できるものもあります。熟語→関連情報の表現→例文での確認により，効率的で高い学習効果が得られます。

例文はどれも短く，中学1・2年生で学習する基本的な文法・文構造の内容で構成されています。ぜひ暗記をして，基本的な英文を数多く自分のものにしましょう。

1 🗹 get up

起きる，起床する

= rise　● 起きて寝床から出ること。　● wake up「目を覚ます」(34)

2 🗹 go to bed

寝る，ベッドに入る

⇔ get up (1)　● 寝床に入ること。go to sleep「眠る，寝入る」(391)。

3 🗹 *be* good at 〜

〜が得意だ，〜が上手だ

⇔ *be* bad at 〜「〜が不得意だ」
● 前置詞 at のあとに動詞を続ける場合は，〜ing 形にする。

4 🗹 for example

例えば

● 例を挙げるときの表現。

5 🗹 look at 〜

〜を見る

● look は「意識して見る」，see は「見える，わかる」，watch は「じっと見る」。

6 🗹 look for 〜

〜を探す

● I'm looking for 〜.「私は〜を探しています」(C5)

7 🗹 every day

毎日

● 副詞の働きをする。形容詞 everyday「毎日の」との使い分けに注意。

8 🗹 stand up

立ち上がる

⇔ sit down「座る」(9)

My father always <u>gets up</u> at six.	父はいつも 6 時に<u>起きる</u>。
He usually <u>goes to bed</u> at ten.	彼はたいてい 10 時に<u>寝る</u>。
She <u>is good at</u> drawing pictures.	彼女は絵を描くことが<u>得意</u>だ。
I like fruit, <u>for example</u> apples and oranges.	私は果物が好きだ、<u>例えば</u>リンゴやオレンジが。
<u>Look at</u> that dog!	あの犬を<u>見て</u>ごらん！
I <u>looked for</u> my dictionary in the classroom, but it was not there.	私は教室で自分の辞書を<u>探した</u>が、そこにはなかった。
I drink milk <u>every day</u>.	私は<u>毎日</u>牛乳を飲んでいる。
She <u>stood up</u> and left the classroom.	彼女は<u>立ち上がり</u>、教室を出て行った。

9 ☑ sit down

座る

⇔ stand up (8)

10 ☑ listen to ～

～を聞く

● 意識的に聞く，耳を傾けること。hear は「（意識せず）聞こえる」。

11 ☑ *be* late for ～

～に遅れる

⇔ *be* in time for ～「～に間に合う」

12 ☑ There is [are] ～.

～がある[いる]。

●〈～〉が複数を表す名詞のときは，are（過去なら were）を使う。

13 ☑ a lot of ～

たくさんの～

= lots of ～ (260)　●〈～〉には可算名詞・不可算名詞のいずれもくる。**a lot of** time「たくさんの時間」(time は不可算名詞)

14 ☑ just then

ちょうどそのとき

● just now「たった今，今すぐ」

15 ☑ of course

もちろん

● 対話の返答で，(Yes,) Of course. は「（ええ，）もちろん」。「（いいえ，）もちろん（～ではない）」と返答するときは，(No,) Of course not. を用いる。

16 ☑ over there

向こうに，あそこに

⇔ over here「こちらに」

He <u>sat down</u> and watched TV.	彼は<u>座って</u>テレビを見た。
I often <u>listen to</u> music in the bath.	私はよくお風呂で音楽を<u>聞く</u>。
He <u>was late for</u> the party.	彼はパーティーに<u>遅れた</u>。
<u>There are</u> three baby lions in that zoo.	その動物園には3匹の赤ちゃんライオン<u>がいる</u>。
<u>A lot of</u> children are playing in the park.	<u>たくさんの</u>子どもが公園で遊んでいる。
<u>Just then</u> the phone rang.	<u>ちょうどそのとき</u>電話が鳴った。
A: Did you hear the news? B: <u>Of course</u>, I did.	A：ニュースを聞きましたか。 B：<u>もちろん</u>，聞きました。
Those people <u>over there</u> are my friends.	<u>向こうにいる</u>人たちは私の友人たちです。

17 ☐ take off 〜 〜を脱ぐ

● 「(飛行機などが)離陸する」の意味もある。

18 ☐ speak to [with] 〜 〜と話す、〜に話しかける

● talk to [with] 〜「〜と話す」(56)

19 ☐ talk about 〜 〜について話す

20 ☐ at home 家にいて、在宅して

● be at home「家にいる」　● stay home「家にいる」(32)
● make oneself at home で「くつろぐ」。Please **make yourself at home**.「どうぞおくつろぎください」

21 ☐ between 〜 and ... 〜と…の間に

● 3つ以上のものや人の間を言うときは among 〜「〜の間に」を用いる。**among** her friends「友人たちの間に[に囲まれて]」

22 ☐ by the way ところで

● 別の話題を思いついて切り替えるときなどに用いる。

23 ☐ these days このごろ(では)

● ふつう現在形や現在進行形で用いる。
● 前置詞はつけず、この表現で副詞の働きをする。

24 ☐ come from 〜 〜から来ている、〜の出身である

● be from 〜「〜の出身である」(63)

Please **take off** your shoes here.	ここで靴を脱いでください。
The teacher **spoke to** the student.	先生はその生徒に話しかけた。
We always **talk about** new books and movies.	私たちはいつも新しい本や映画について話す。
My father is **at home** now.	父は今は家にいる。
She sat down **between** Tom **and** me.	彼女はトムと私の間に座った。
By the way, where did you buy that bag?	ところで，そのかばんをどこで買ったのですか。
I'm very busy **these days**.	私はこのごろとても忙しい。
The sound **came from** the next room.	その音はとなりの部屋から（聞こえて）きた。

LEVEL 1
LEVEL 2
LEVEL 3
LEVEL 4
会話表現

1 7 ▽ 2 4

25 after school 放課後に

• school に a や the をつけないことに注意。at school 「学校で［に］」(58)

26 at night 夜に

• at noon 「正午に」

27 *be* famous for ~ ~で有名である

• *be* famous as ~ 「~として有名だ」

28 put on ~ ~を着る，~を身に着ける

⇔ take off ~ (17)
• 「~を着ている，身につけている」は wear。put on ~ はその動作を表す。

29 take a bath 風呂に入る

• take a shower 「シャワーを浴びる」

30 come in 入ってくる，中に入る

• Please **come in**. 「どうぞお入りください」

31 go out 外出する

• 「（火などが）消える」の意味もある。
• go out of ~ は 「~から出る」(370)（get out (of ~)(75)）。

We often go to the library **after school**.	私たちは放課後によく図書館に行く。
It gets very cold here **at night**.	ここは夜にはとても寒くなる。
The city **is famous for** its apples.	その市はリンゴで有名だ。
He **put on** his sweater and coat.	彼はセーターとコートを着た。
I usually **take a bath** around 9:00 p.m.	私はいつも午後9時ごろに風呂に入る。
The cat **came in** from the window.	ネコが窓から入ってきた。
My family **will go out** this Sunday.	私の家族は今週の日曜日に外出する。

32 ☑ stay home
家にいる

● stay at home とも表す。(stay at [in] 〜「〜に滞在する，泊まる」(131))

33 ☑ next to 〜
〜のとなりに[の]

● a house **next to** the flower shop「花屋のとなりの家」

34 ☑ wake up
目を覚ます

● **Wake up**!「起きなさい！」 ● wake 〜 up「〜を目覚めさせる，起こす」 ● get up (1)

35 ☑ 〜 year(s) old
〜歳

● 〜-year-old で「〜歳の」。a **ten-year-old** girl「10歳の少女」(year に s をつけないことに注意)

36 ☑ go to the movies
映画に行く

● go to a movie「映画を見に行く」とも表す。

37 ☑ write to 〜
〜に手紙を書く

● write back to 〜「〜に返事を書く」

38 ☑ Thank you for 〜.
〜をありがとう。

= Thanks for 〜. (C43) ● for のあとに 〜ing 形がくることも多い。**Thank you for** coming.「来てくれてありがとう」

39 ☑ All right.
わかりました。，いいですよ。

= OK. ● 相手の依頼に対する同意・承諾を表す表現。(C85)

I **stay home** on rainy days.	私は雨の日は家にいる。
She sat **next to** me on the bus.	彼女はバスで私のとなりに座った。
I didn't **wake up** until noon.	私は正午まで目が覚めなかった。
My sister is ten **years old**.	私の妹は10歳だ。
I **went to the movies** with him yesterday.	私は昨日, 彼と映画に行った。
I sometimes **write to** my grandfather.	私はときどき祖父に手紙を書く。
Thank you for your letter.	手紙をありがとう。
A: Can you come with me tomorrow? B: **All right**.	A:明日いっしょに来てくれますか。 B:いいですよ。

40 ☑ arrive at [in] ～
～に到着する

- at ～ は家、駅など比較的狭い場所のときに、in ～ は都市、国など広さを感じさせる場所のときに使われることが多い。**arrive in** Japan「日本に到着する」

41 ☑ Can I ～?
～してもよいですか。

- 許可を求めるときの表現。
- Can you ～?「～してもらえますか」(C93)は、相手への依頼の表現。

42 ☑ help ～ with ...
～(人)の…を手伝う

- help のあとに手伝う対象の〈人〉を続け、そのあとに〈with ＋手伝う内容〉を続ける。
- help with ...「…を手伝う」

43 ☑ sound like ～
～のように思われる

- like のあとには名詞がくる。 ● 主語が That や It などのとき、主語は省略されることも多い。**Sounds like** a great idea!「すばらしい考えですね！」
- (That) **Sounds** good!「すばらしいですね！」(sound ＋形容詞)

44 ☑ a member of ～
～の一員

- 〈～〉には団体など複数の人の集まりを表す語がくる。

45 ☑ around the world
世界中で[に、の]

- people **around the world**「世界中の人々」

46 ☑ on foot
歩いて

- foot に a や the、my などをつけないことに注意。
- by train「列車で」(93)

47 ☑ Here is ～.
これが～です。

- 相手に差し出す、提示するときなどの表現。 ● Here's ～. とすることも多い。
- 〈～〉が複数のものであれば Here are ～. で表す。

We <u>arrived at</u> the bus stop early.	私たちは早めにバス停に到着した。
<u>Can I</u> use this chair?	このいすを使ってもいいですか。
I <u>helped</u> my brother <u>with</u> his homework.	私は弟の宿題を手伝った。
That <u>sounds like</u> a nice idea.	それはいい考えのようですね。
She is <u>a member of</u> the art club.	彼女は美術部の一員だ。
This movie is famous <u>around the world</u>.	この映画は世界中で有名だ。
Did he go there <u>on foot</u>?	彼はそこへ歩いて行ったのですか。
<u>Here is</u> a picture of my family.	これが私の家族の写真です。

48 ☐
last night
昨夜

• last week [month, year, Sunday] 「先週[先月，昨年，この前の日曜日]」

49 ☐
Let's ～.
～しよう。

• let's は let us の短縮形。〈～〉には動詞の原形がくる。

50 ☐
be popular with ～
～に人気がある

= *be* popular among ～

51 ☐
What time ～?
何時に～か。

52 ☐
a lot
たくさん，大いに

• 名詞の働きで「たくさん」，副詞の働きで「大いに」の使い方がある。enjoy it **a lot** 「それを大いに楽しむ」

53 ☐
take a picture
写真を撮る

= take a photo [photograph] • take a picture of ～ 「～の写真を撮る」

54 ☐
in the morning
朝に，午前中に

• in the afternoon 「午後に」(61) • at night (26)

55 ☐
on *one*'s way (to ～)
(～へ行く)途中で

• on *one*'s way home 「帰る途中で」 • on the way 「途中で」(251)

We had a lot of rain **last night**.	昨夜はたくさん雨が降った。
Let's go to karaoke tomorrow afternoon.	明日の午後カラオケに行きましょう。
That ice cream shop **is popular with** tourists.	あのアイスクリーム店は観光客に人気がある。
What time did you go to bed yesterday?	あなたは昨日何時に寝ましたか。
We learned **a lot** about the history of our city.	私たちは市の歴史についてたくさん学んだ。
I **took pictures** of many animals at the zoo.	私は動物園でたくさんの動物の写真を撮った。
I cleaned my room **in the morning**.	私は午前中に部屋の掃除をした。
I was **on my way to** the station then.	私はそのとき駅に行く途中だった。

56 talk to [with] ～ 　　～と話す，～に話しかける

- talk to *one*self 「ひとり言をいう」
- talk about ～ (19)， speak to [with] ～ (18)

57 a glass of ～ 　　グラス 1 杯の～

- 「2 杯の～」は two glasses of ～ と，複数形の glasses を用いる。**two glasses of** water 「2 杯の水」
- a cup of ～ 「コップ 1 杯の～」

58 at school 　　学校で[に]

- school は，教育を受ける場所という意味では a や the をつけずに用いる。go to school 「学校に行く，通学する」(76)

59 do *one*'s homework 　　宿題をする

- homework は不可算名詞，複数形にしないことに注意。
- start [finish] *one*'s homework 「宿題を始める[を終える]」

60 have a cold 　　かぜをひいている

- catch a cold 「かぜをひく」

61 in the afternoon 　　午後に

- in the evening 「夕方に，晩に」 • in the morning (54)

62 live in ～ 　　～に住んでいる

- この意味ではふつう現在形で表す。現在進行形の be living in ～ は，一時的に住んでいることを表す。
- **live on** the island 「島に住んでいる」(前置詞の違いに注意)

I **talked to** my father about school.	私は学校のことで父と話した。
I drink **a glass of** vegetable juice every morning.	私は毎朝野菜ジュースを1杯飲んでいる。
We have English class **at school** today.	私たちは今日は学校で英語の授業がある。
She **did her homework** at my house today.	彼女は今日，私の家で宿題をした。
He **had a cold** and didn't come to school today.	彼はかぜをひいていて，今日は学校に来なかった。
I stayed home and read a book **in the afternoon**.	私は午後は家にいて本を読んだ。
He **lives in** a town near the sea.	彼は海の近くの町に住んでいる。

63 *be* from 〜 — 〜の出身である

• come from 〜 (24) でも表せる。

64 take a look (at 〜) — (〜を)ちょっと見る

= have a look (at 〜) ● look at 〜 (5)

65 in line — 列に並んで

• wait **in line**「列に並んで待つ」

66 on weekends — 週末(ごと)に

= at weekends ● weekends と複数形にする。on [at] the weekend とも表せる。

67 one night — ある夜[晩]

● 前置詞をつけずに副詞のように用いる。 ● 名詞で「一晩」の意味もある。in **one night**「一晩で」 ● one day「ある日，いつか」(113)

68 take a class — 授業を受ける

●「〜の授業を受ける」は take a 〜 class，または take a class in 〜 で表す。

69 take a nap — 昼寝をする

= have a nap

70 have fun — 楽しむ

● fun に冠詞 a をつけないことに注意。
●「大いに楽しむ」は fun に a lot of や great などをつけて表せる。

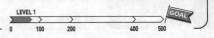
Our English teacher **is from** Canada.	私たちの英語の先生はカナダの出身だ。
Let's **take a look at** the map.	地図をちょっと見てみよう。
There were about 30 people **in line**.	列に並んでいる人が約30人いた。
That store opens at nine **on weekends**.	その店は週末には9時に開店する。
I called her **one night**, but she didn't answer.	私はある晩彼女に電話したが，彼女は出なかった。
We **took classes** in math and history in the afternoon.	私たちは午後に数学と歴史の授業を受けた。
My father **takes a short nap** after lunch.	父は昼食後に少し昼寝をする。
We **had a lot of fun** at the picnic.	私たちはピクニックで大いに楽しんだ。

LEVEL 1
LEVEL 2
LEVEL 3
LEVEL 4
会話表現

6
3
▼
7
0

71 get on (〜)　(〜に)乗る

⇔ get off (〜)「(〜を)降りる」(130)　●バス，電車，飛行機，船など大型の乗り物に「乗る」ことを表す。　● get into 〜「〜に乗り込む，入る」(196)

72 *be* kind to 〜　〜に親切だ[やさしい]

● *be* kind to the tourists「観光客に親切だ」

73 have a good time　楽しい時を過ごす

● have a great time とも言う。
● have a hard time は「つらい時を過ごす」。

74 feel sorry for 〜　〜を気の毒に[すまないと]思う

= *be* sorry for 〜　● *be* sorry to 〜「〜して気の毒に[すまなく]思う」(359)

75 get out (of 〜)　(〜から)降りる，外に出る

⇔ get in「乗る」，get into 〜「〜に乗り込む，入る」(196)　●主に小型の乗り物から(身をかがめて)降りる動作を表す。大型の乗り物の場合は get off (〜)(130)。

76 go to school　学校に行く，通学する

● go to the school は「学校(という施設・建物)に行く」。(→ at school (58))

77 walk to 〜　〜へ歩いて行く

= go to 〜 on foot

78 many times　何度も

● time(s) はここでは「〜回，〜度」の意味。　● again and again「何度も何度も」(261)

A lot of people <u>got</u> <u>on</u> this bus.	たくさんの人がこのバスに乗ってきた。
He <u>is</u> always <u>kind</u> <u>to</u> animals.	彼はいつも動物にやさしい。
<u>Did</u> you <u>have</u> <u>a</u> <u>good</u> <u>time</u> at the event?	あなたはそのイベントで楽しい時を過ごしましたか。
I <u>feel</u> <u>sorry</u> <u>for</u> his sister.	彼の妹さんのことを気の毒に思います。
He <u>got</u> <u>out</u> <u>of</u> the car and opened the gate.	彼は車から降りて門を開けた。
I <u>go</u> <u>to</u> <u>school</u> on foot.	私は徒歩で通学している。
You can <u>walk</u> <u>to</u> the zoo from here.	ここから動物園へ歩いて行くことができますよ。
I visited her <u>many</u> <u>times</u> last year.	私は去年，彼女を何度も訪ねた。

79 □ on the phone

電話で

= over the phone

80 □ show ~ around (...)

~に(…を)案内する

● around のあとに場所を表す語句〈...〉を示さないこともある。 ● around ... 以外に to [into] ... などの場合もある。**show** her **to** the room「彼女を部屋まで案内する」

81 □ come home

帰宅[帰国]する

● come back home とも表せる。
● leave home「家を出る」(83)

82 □ come into ~

~に入ってくる

● into で中に移動することを強調した表現。 ● come in (30)

83 □ leave home

家を出る

● 一時的に外出する意味のほか，独立して家を出る意味でも使われる。
● この home は名詞で「家」。

84 □ study abroad

留学する

● abroad は副詞で「外国に[へ，で]」。abroad の前に前置詞をつけないよう注意。
● live abroad「外国に住む」，go abroad「外国に行く」(253)

85 □ write down ~

~を書きとめる

● write to ~ (37)

86 □ enjoy *one*self

楽しい時を過ごす

= have a good time (73)

We talked **on the phone** for an hour.	私たちは<u>電話で</u>1時間話した。
I **showed** them **around** my school.	私は彼らに学校を<u>案内した</u>。
My father **came home** very late at night.	父は夜とても遅くに<u>帰宅した</u>。
My mother **came into** my room and woke me up.	母が<u>部屋に入ってきて</u>私を起こした。
I **left home** late and was late for school this morning.	私は今朝は<u>家を出る</u>のが遅くて，学校に遅刻した。
She is **studying abroad** in France.	彼女はフランスに<u>留学中</u>だ。
I **wrote down** their names in my notebook.	私はノートに彼らの名前を<u>書きとめた</u>。
We **enjoyed ourselves** at the summer festival.	私たちは夏祭りで<u>楽しい時を過ごした</u>。

87 every week 毎週

- 前置詞をつけずに副詞の働きをする。
- every ~ で「毎~」を表せる。every day (7), every month [year]「毎月[年]」, every Monday「毎週月曜日」

88 go for ~ ~をしに行く

- for のあとの名詞によって日本語を調整する。go for lunch [a swim]「昼食を食べに[泳ぎに]行く」

89 take a train 電車に乗っていく

- この take は「(乗り物)を利用する」という意味。乗る動作に着目するときは get on a train (71) と表す。

90 this morning 今朝

- 前置詞をつけずに副詞の働きをする。
- this afternoon「今日の午後」, tomorrow morning「明朝」

91 *be* careful with ~ ~に気をつける

- with の代わりに about や of を使うこともある。

92 take a trip (to ~) (~へ)旅をする

93 by train 列車で

- by は「~によって」と手段を表す。あとに続く名詞に a や the をつけないことに注意。by bus [plane, bike]「バス[飛行機, 自転車]で」

She goes to the hospital **every** **week**.	彼女は毎週病院に行っている。
I often **go for** a **walk** in the park with my dog.	私はよくイヌといっしょに公園へ散歩をしに行く。
We **took** **a** **train** **to** the beach.	私たちはビーチまで電車に乗っていった。
There was a phone call from him early **this** **morning**.	今朝早く彼から電話があった。
Be **careful** **with** that glass. It's very expensive.	そのグラスには気をつけてください。とても高価なんです。
They **took** **a** **trip** **to** Kyushu last weekend.	彼らは先週末に九州へ旅をした。
I like to travel **by** **train**.	私は列車で旅をするのが好きだ。

94 ☐ enjoy 〜ing 　〜するのを楽しむ

- enjoy の目的語として動詞を続けるときは，〜ing 形（動名詞）にする。to 〜（不定詞）を続けないことに注意。 ● enjoy oneself (86)

95 ☐ give up (〜) 　(〜を)やめる[あきらめる]

- 〈〜〉を続けない使い方も多い。Don't **give up**!「あきらめないで！」
- 〈〜〉を続ける場合は，名詞または 〜ing 形（動名詞）がくる。

96 ☐ want to 〜 　〜したい

- want to be 〜 は「〜になりたい，〜でありたい」。
- want ... to 〜「…に〜してほしい」(173)

97 ☐ *be* interested in 〜 　〜に興味がある

- 前置詞 in のあとに動詞を続けるときは，〜ing 形（動名詞）にする。
- 「〜に興味を持つ」は become [get] interested in 〜。

98 ☐ better than 〜 　〜よりもよりいっそう

- than 以降の比較の対象よりも，よりよく[うまく]という意味。
- **better than** before [usual]「以前よりも[いつもよりも]よりいっそう」

99 ☐ all over 〜 　〜中で[の]，〜のいたる所で[の]

- あとには場所を表す名詞が続く。**all over** the world「世界中で[の]」，**all over** Japan「日本中で[の]」

100 ☐ not 〜 so much 　それほど〜ではない

- so much「とても，非常に」を否定文で使うときの意味。

0   100   200   400   500

GOAL

My family **enjoys** **cooking** on Sunday evenings.	私の家族は日曜の晩は料理をして楽しんでいる。
My father **gave** **up** drinking for health reasons.	父は健康上の理由で飲酒をやめた。
What do you **want** **to** do this Saturday?	今週の土曜日は何をしたいですか。
He **is** very **interested** **in** writing novels.	彼は小説を書くことにとても興味がある。
Now I can understand English **better** **than** before.	今では私は以前よりもよりいっそう英語が理解できる。
People **all** **over** the **country** were excited about that game.	国中の人々がその試合に興奮していた。
I **don't** eat meat or fish **so** **much**.	私は肉や魚をそれほど食べない。

LEVEL 2
LEVEL 3
LEVEL 4
会話表現

94 ▼ 100

33

STEP 1 (p.8)

☑ 起きる，起床する	get **up**
☑ 寝る，ベッドに入る	go **to** bed
☑ ～が得意だ，～が上手だ	**be** good **at** ～
☑ 例えば	for example
☑ ～を見る	look **at** ～
☑ ～を探す	look **for** ～
☑ 毎日	every day
☑ 立ち上がる	stand **up**

STEP 2 (p.10)

☑ 座る	sit **down**
☑ ～を聞く	listen **to** ～
☑ ～に遅れる	**be** late **for** ～
☑ ～がある[いる]。	There **is** [are] ～.
☑ たくさんの～	**a** lot **of** ～
☑ ちょうどそのとき	just then
☑ もちろん	of course
☑ 向こうに，あそこに	over there

STEP 3 (p.12)

☑ ～を脱ぐ	take **off** ～
☑ ～と話す，～に話しかける	speak **to** [with] ～
☑ ～について話す	talk **about** ～
☑ 家にいて，在宅して	at home
☑ ～と…の間に	between ～ and ...
☑ ところで	by **the** way
☑ このごろ(では)	these days
☑ ～から来ている，～の出身である	come **from** ～

STEP 4 (p.14)

☑ 放課後に	after school
☑ 夜に	at night
☑ ～で有名である	**be** famous **for** ～
☑ ～を着る，～を身に着ける	put **on** ～
☑ 風呂に入る	take **a** bath
☑ 入ってくる，中に入る	come **in**
☑ 外出する	go **out**

STEP 5 (p.16)

☑ 家にいる	stay home
☑ ～のとなりに[の]	next **to** ～

STEP 5 (p.16)

☑ 目を覚ます	wake up
☑ ～歳	～ year(s) old
☑ 映画に行く	go to the movies
☑ ～に手紙を書く	write to ～
☑ ～をありがとう。	Thank you for ～.
☑ わかりました。いいですよ。	All right.

STEP 6 (p.18)

☑ ～に到着する	arrive at [in] ～
☑ ～してもよいですか。	Can I ～?
☑ ～(人)の…を手伝う	help ～ with ...
☑ ～のように思われる	sound like ～
☑ ～の一員	a member of ～
☑ 世界中で[に、の]	around the world
☑ 歩いて	on foot
☑ これが～です。	Here is ～.

STEP 7 (p.20)

☑ 昨夜	last night
☑ ～しよう。	Let's ～.
☑ ～に人気がある	be popular with ～
☑ 何時に～か。	What time ～?
☑ たくさん、大いに	a lot
☑ 写真を撮る	take a picture
☑ 朝に、午前中に	in the morning
☑ (～へ行く)途中で	on *one*'s way (to ～)

STEP 8 (p.22)

☑ ～と話す、～に話しかける	talk to [with] ～
☑ グラス1杯の～	a glass of ～
☑ 学校で[に]	at school
☑ 宿題をする	do *one*'s homework
☑ かぜをひいている	have a cold
☑ 午後に	in the afternoon
☑ ～に住んでいる	live in ～

STEP 9 (p.24)

☑ ～の出身である	be from ～
☑ (～を)ちょっと見る	take a look (at ～)
☑ 列に並んで	in line
☑ 週末(ごと)に	on weekends
☑ ある夜[晩]	one night

STEP 9 (p.24)

☑ 授業を受ける	take a class
☑ 昼寝をする	take a nap
☑ 楽しむ	have fun

STEP 10 (p.26)

☑ (〜に)乗る	get on (〜)
☑ 〜に親切だ[やさしい]	be kind to 〜
☑ 楽しい時を過ごす	have a good time
☑ 〜を気の毒に[すまないと]思う	feel sorry for 〜
☑ (〜から)降りる,外に出る	get out (of 〜)
☑ 学校に行く,通学する	go to school
☑ 〜へ歩いて行く	walk to 〜
☑ 何度も	many times

STEP 11 (p.28)

☑ 電話で	on the phone
☑ 〜に(…を)案内する	show 〜 around (…)
☑ 帰宅[帰国]する	come home
☑ 〜に入ってくる	come into 〜
☑ 家を出る	leave home
☑ 留学する	study abroad
☑ 〜を書きとめる	write down 〜
☑ 楽しい時を過ごす	enjoy oneself

STEP 12 (p.30)

☑ 毎週	every week
☑ 〜をしに行く	go for 〜
☑ 電車に乗っていく	take a train
☑ 今朝	this morning
☑ 〜に気をつける	be careful with 〜
☑ (〜へ)旅をする	take a trip (to 〜)
☑ 列車で	by train

STEP 13 (p.32)

☑ 〜するのを楽しむ	enjoy 〜ing
☑ (〜を)やめる[あきらめる]	give up (〜)
☑ 〜したい	want to 〜
☑ 〜に興味がある	be interested in 〜
☑ 〜よりもよりいっそう	better than 〜
☑ 〜中で[の], 〜のいたる所で[の]	all over 〜
☑ それほど〜ではない	not 〜 so much

LEVEL

2

中学2・3年生レベル

STEP 14〜26 | 100熟語 (101▶200)

中学2・3年生でおもに学習する英熟語です。

各教科書によく取り上げられているものばかりですが，入試に出題される熟語も多く収録されています。関連情報には，入試にも役立つ説明や頻出表現が収められています。

例文は比較的短く，中学3年生までに学習する文法・文構造の内容で構成されています。多くの例文で，すでに学んだ見出し熟語が繰り返し登場しています。それを意識して，例文と和訳の学習も進めましょう。

101 ☑ have to ～

～しなければならない

- to のあとには動詞の原形がくる。主語が3人称単数のときは has to ～，過去時制では had to ～，未来の表現では will have to ～となる。
- need to ～「～する必要がある」(191)
- don't have to ～ (102)

102 ☑ don't have to ～

～する必要はない

- 不要であることを表す。「～してはならない」と禁止を表すのは must not ～。
- don't は主語と時制に応じて doesn't や didn't に置き換える。

103 ☑ begin to ～

～し始める

- = begin ～ing　● to のあとに動詞の原形がくる不定詞の表現。
- start to ～ [start ～ing] でも表せる。

104 ☑ ～ such as ...

…のような～

- as のあとに〈～〉の具体例を述べる表現。　● such ～ as ... でも表せる。**such** fruits **as** apples and oranges「リンゴやオレンジのような果物」

105 ☑ a little (～)

少し(の～)，少量(の～)

- 副詞，代名詞，形容詞の働きをする。
- 形容詞の働きでは，あとには不可算名詞がくる。**a little** water「少しの[少量の]水」

106 ☑ a few (～)

少し(の～)，少数(の～)

- 形容詞，代名詞の働きをする。
- 形容詞の働きでは，あとには可算名詞がくる。

107 ☑ at first

最初は，初めのうちは

- 最初はそうでも，あとでそうではない状況になる含みを持つことも多い。
- 順序を表す「最初に」は first の副詞用法。

I **have to** <u>get</u> up at six tomorrow.	私は明日6時に起きなければならない。
She **doesn't have to** make dinner this evening.	彼女は今晩夕食を作る必要はない。
Fans **began to** arrive at the stadium.	ファンたちが球場に到着し始めた。
I often buy clothes in bright colors <u>**such as**</u> yellow and blue.	私は黄色や青のような明るい色の服をよく買う。
The problem <u>was</u> <u>**a little**</u> difficult for me.	その問題は私には少し難しかった。
Can you wait <u>**a few**</u> minutes?	数分待ってくれませんか。
<u>**At first**</u> I didn't like that song so much, but now it's my favorite.	私は最初はその曲がそれほど好きではなかったが，今ではお気に入りだ。

LEVEL 1
LEVEL 2
LEVEL 3
LEVEL 4
会話表現
101 ▼ 107

108 □ *be* going to ～ ～するつもりだ

● to のあとには動詞の原形がくる。
● あらかじめ決めてある予定や計画などを表す。will ～「～（することに）しよう」「～（する）でしょう」は、その場で思いついた未来のことや、意志、予測を表す。

109 □ because of ～ ～のせいで、～のために

● 理由を述べる表現。
● of のあとには名詞がくる。〈主語＋動詞～〉を続けるときは接続詞 because を使う。

110 □ each other お互い

＝ one another　● 代名詞として扱われ、動詞や前置詞の目的語に使われる。

111 □ in the future 将来

● in the past「昔、過去に」

112 □ as ～ as ... …と同じくらい～

● 〈～〉には形容詞や副詞の原級が、〈...〉には比較の対象がくる。
● 否定形の not as ～ as ... は「…ほど～でない」(193)。

113 □ one day （過去の）ある日、（未来の）いつか

● some day「（未来の）いつか」(119)
● one morning「ある朝」、one night (67)

114 □ pick up ～ ～を拾い上げる

● pick ～ up の語順もある。〈～〉が代名詞のときはこの語順になる（pick it up）。
● 「～を車でむかえに行く〔来る〕」の意味でも使われる。**pick** me **up** at the station「駅まで私を車でむかえに来る」

I**'m going to** visit a few museums next Sunday.	私は次の日曜日にいくつか博物館を訪れるつもりだ。
We changed our plans **because of** the bad weather.	悪天候のために私たちは予定を変更した。
We talked a lot to **each other** about our future.	私たちは将来についてお互いによく話した。
He wants to help poor people **in the future**.	彼は将来貧しい人々を助けたいと思っている。
I am **as** tall **as** my father.	私は父と同じくらいの背丈だ。
One day in April, I met her again.	4月のある日，私は彼女と再会した。
I **picked up** a pen and gave it to him.	私はペンを拾い，彼に渡した。

LEVEL 1 LEVEL 2 LEVEL 3 LEVEL 4 会話表現

1
0
8
▼
1
1
4

115 ☑ wait for ～

～を待つ

- •「～分待つ」のように時間や期間を待つときは wait (for) ～ minute(s) などとする。
- • wait for ～ to ... は「～が…するのを待つ」(for ～ が不定詞 to ... の意味上の主語)。**wait for her to come home**「彼女が帰宅するのを待つ」

116 ☑ *be* full of ～

～でいっぱいだ

- • 入れ物や場所が，ものや人などでいっぱいであることを表す。
- • ほかに，感情など抽象的なことで満ちていることも表す。*be* **full of** hope「希望に満ちあふれている」

117 ☑ for a long time

長い間

- • for some time は「かなり長い間，しばらくの間」。

118 ☑ for the first time

初めて

- • for the first time in ～ year(s) で「～年ぶりに」を表せる。

119 ☑ some day

(未来の)いつか

- • someday の1語でも表される。
- • some day next week なら「来週のいつか」。
- • 過去の「いつか」は one day (113)。

120 ☑ more than ～

～以上(の)，～より多い

= over ～，⇔ less than ～「～より少なく」(285)
- • **more than** five people であれば「6人以上」「5人より多い」。一方で，数値の厳密さが求められない文脈でおおまかに「～以上」とすることも多い。

121 ☑ take care of ～

～の世話をする

= look after ～ (419)
- •「～を大事にする」の意味もある。**take care of** the earth「地球を大切にする」，**Take care of** yourself.「お体を大切に」

I **waited** a long time **for** the bus yesterday.	私は昨日，長い時間バスを待っていた。
His room **was full of** books.	彼の部屋は本でいっぱいだった。
I haven't e-mailed her **for a long time**.	私は長い間彼女にEメールを送っていない。
They saw snow **for the first time** when they came to Japan.	彼らは日本に来たとき初めて雪を見た。
I hope to come back to this town **some day**.	私はいつかこの町に戻ってきたいと思います。
This temple was built **more than 500 years** ago.	この寺は500年以上前に建てられた。
We must **take good care of** our pets.	私たちはペットの世話をきちんとしなければいけない。

122 ☑ *be* afraid of ～ — ～を恐れる[怖がる]

- be afraid of ～ing は「～することを恐れる」。
- be afraid to ～ は「怖くて～できない，～するのを遠慮する」。

123 ☑ both ～ and ... — ～も…も両方とも

- ～ and ... を both「両方とも」で強調した表現。
- and の前後には(代)名詞，形容詞，副詞など，さまざまな語句がくる。

124 ☑ come true — 実現する

= realize ● 夢や希望などがかなうことを表す。
- become ではなく come を使うことに注意。

125 ☑ do *one*'s best — 最善を尽くす

- try *one*'s best とも表す。

126 ☑ one of ～ — ～の1つ[1人]

- 〈～〉には〈the [my, these など]＋複数名詞〉や，us などの代名詞がくる。
- この表現が主語のとき，動詞は one に合わせて単数形で受けることに注意。

127 ☑ some of ～ — ～のいくつ[何人，いくら]か

- 〈～〉には〈the [my, these など]＋複数名詞〉や，us などの代名詞，また不可算名詞もくる。**some of** the money「お金の一部」(money は不可算名詞)

128 ☑ run away — 逃げる，走り去る

- run away from home は「家出をする」。run away from *one*'s problem「問題から逃げる」のような使い方もある。

129 ☑ *be* proud of ～ — ～を誇りに思う

- *be* proud (that) ～「～ということを誇りに思う」(〈～〉には〈主語＋動詞 ～〉)

I **was afraid of** water when I was a small child.	私は小さい子どものとき水を怖がっていた。
Both her sister **and** brother speak English very well.	彼女の姉も兄も2人とも英語をとても上手に話す。
I believe my dream **will come true** some day.	私はいつか夢が実現すると信じている。
She is **doing her best** to change herself.	彼女は自分を変えようと最善を尽くしている。
One of my favorite subjects is math.	私の好きな教科の1つは数学だ。
Some of my classmates have not yet arrived.	クラスメートの何人かがまだ到着していない。
When the cat saw us, it **ran away**.	ネコは私たちを見ると逃げ出した。
I **am** very **proud of** my hometown.	私は故郷をとても誇りに思っている。

130 ☑ get off (〜)

(〜を)降りる

⇔ get on (〜)(71) ● おもに大型の乗り物から「降りる」ことを表す。**get off** the train「電車を降りる」 ● get out (of 〜)(75)

131 ☑ stay at [in] 〜

〜に滞在する，泊まる

● at と in の使い分けは arrive at [in] 〜(40)を参照。**stay at** the house「その家に泊まる」

132 ☑ stay with 〜

〜の家に泊まる

● with のあとには人を表す名詞がくる。

133 ☑ *be* different from 〜

〜と異なる

● 異なる程度が大きいときは different を very，quite，so，a lot (52)などで，小さいときは a little (105)などで修飾して表せる。
● *be* no different from 〜 は「〜と少しも違わない（＝〜と同じだ）」となる。

134 ☑ in fact

実は，実際は

● 直前で述べたことを強調する目的で「実は」と具体的な内容をそえる文で用いられる。「それどころか実際は」という使い方もある。

135 ☑ in front of 〜

〜の前に

● 位置関係として，〈〜〉の正面や，〈〜〉の前方を表す。in the front of 〜は〈〜〉の中における最前部を表す。in the front of the classroom「教室の前のほうに［最前列に］」

136 ☑ look forward to 〜

〜を楽しみにして待つ

● to は前置詞で，あとには名詞や〜ing 形（動名詞）がくる。**look forward to** seeing you「あなたに会うことを楽しみにする」

137 ☑ without 〜ing

〜しないで

● without は前置詞「〜なしで」。

Let's **get off** at the next station.	次の駅で降りよう。
How long has he **stayed in** Japan?	彼はどのくらい日本に滞在しているのですか。
I'm going to **stay with** my brother tonight.	私は今晩は兄の家に泊まるつもりだ。
Your school rules **are** very **different from** ours.	あなたの学校の校則は，私たちの学校のとずいぶん異なっている。
I'm good friends with him. **In fact**, we met yesterday.	私は彼と仲がいい。実際，私たちは昨日会っていた。
He was nervous **in front of** many people.	彼は大勢の人の前で緊張していた。
We're really **looking forward to** the school festival.	私たちは学園祭をとても楽しみにしている。
She always leaves **without** even **saying** goodbye.	彼女はいつもさよならも言わずに帰ってしまう。

138 ☑ not 〜 at all　　　　　　まったく〜ない

- not などの否定語のあとに at all を用いて，強い否定を表す表現。
- Not at all. は，お礼を言われたときに「どういたしまして」と応じる表現。

139 ☑ out of 〜　　　　　　　　〜から外へ

- 前置詞の働きをして，中から外への移動を表す。
- 動詞との組み合わせでいろいろな意味を表す。take ... out of 〜「…を〜から取り出す」，get out (of 〜) (75)，go out of 〜「〜から出る」(370)

140 ☑ Will you 〜?　　　　　　〜してくれますか。

- Would you 〜?「〜していただけますか」はよりていねいな依頼の表現。
- 「〜しませんか」と相手を誘う意味もある。**Will you** join us?「（私たちと）ごいっしょしませんか」

141 ☑ Could you 〜?　　　　　　〜していただけますか。

- Can you 〜? (C93) よりもていねいな依頼の表現。

142 ☑ Would you like 〜?　　　〜はいかがですか。

- 相手にものをていねいに勧めるときの表現。like のあとには勧める内容の名詞がくる。
- 応じる表現には Thank you.「ありがとうございます」，Yes, please.「お願いします」，No, thank you.「いいえ，けっこうです」などがある。

143 ☑ from 〜 to ...　　　　　　〜から…まで

- 期間や場所について，それぞれの始まりを from 〜 で，終わりを to ... で表す。**from** morning **to** night「朝から晩まで」

144 ☑ look like 〜　　　　　　　〜のように見える，〜に似ている

- この like は前置詞「〜のような，〜に似た」の意味で，あとには名詞がくる。

He's **not** interested in playing games **at all**.	彼はゲームをすることにまったく興味がない。
You **should** take your hands **out of** your pockets.	手をポケットから出したほうがいいですよ。
Will you send me those pictures?	私にそれらの写真を送ってくれますか。
Could you speak a little more slowly?	もう少しゆっくりと話していただけますか。
Would you like something to drink?	何か飲み物はいかがですか。
It takes 10 minutes **from** my house **to** the station by bike.	私の家から駅まで自転車で10分かかる。
This picture **looks like** a real dog.	この絵は本物のイヌのように見える。

LEVEL 1

LEVEL 2

LEVEL 3

LEVEL 4

会話表現

1 3 8 ▼ 1 4 4

49

145 ☑ **not only ~ but (also) ...** ~だけでなく…も(また)

= ... as well as ~ (176) ● 〈~〉と〈...〉には名詞, 動詞などさまざまな語句がくる。
● 文中の意味は〈...〉のほうにより重点がある。

146 ☑ **take out ~** ~を取り[持ち]出す

● take out the trash [garbage] は「ごみを出す」。
● 食事などに「~(人)を連れ出す」の意味もある。

147 ☑ **try to ~** ~しようとする[努力する]

● 〈try +不定詞〉の表現。
● 不定詞の前に not をつける try not to ~ は「~しないようにする」。

148 ☑ **try ~ing** ためしに~してみる

● 〈try +動名詞〉の表現。うまくいくかどうかを見るため実際に試すということ。

149 ☑ **It is ... (for ー) to ~.** (ーが)~するのは…だ。

● この it は仮の主語(形式主語)で, 真の主語は不定詞 to ~「~すること」という構造。この it に「それ(は)」という意味はない。
● for ー は to ~ の動作をする人を表す(不定詞の意味上の主語)。

150 ☑ *be* in trouble 困っている

● この trouble は「困った状況, 困難」の意味。

151 ☑ **go on a trip (to ~)** (~へ)旅行に出かける

= take a trip (to ~) (92)
● go on a picnic [vacation]「ピクニック[休暇旅行]に行く」

152 ☑ **far away** 遠くに

● 副詞の働きをする。「~から遠くに」は far away from ~ で表す。

The actor is **not only** a good singer **but also** a good dancer.	その俳優は歌だけでなく踊りも上手だ。
I **took out** two pencils and an eraser **from** my pencil case.	私は筆箱から鉛筆2本と消しゴムを取り出した。
I **will try to** speak slowly and clearly in my speech.	私はスピーチではゆっくりそしてはっきりと話すようにします。
He **tried using** the new product.	彼はためしにその新製品を使ってみた。
It is important **to** respect different cultures.	異なる文化を尊重するのは大切です。
If you **are in trouble**, please call me.	困ったことがあれば，私に電話をしてくださいね。
He **goes on a trip to** Tohoku every year.	彼は毎年東北へ旅行に出かける。
The biggest hospital in the city **is** a little **far away from** my house.	市でいちばん大きい病院は自宅から少し遠くにある。

153 ☑ on time

時間どおりに

• in time は「間に合うように」(463)。

154 ☑ Why don't we 〜?

〜しませんか。

• 相手といっしょに何かをすることを提案する表現。〈〜〉には動詞の原形がくる。
• Why don't you 〜? は「〜してはどうですか」(C68)。

155 ☑ all day (long)

1日中

• all night (long)「一晩中」

156 ☑ get to 〜

〜に到着する

= arrive at [in] 〜 (40) • reach 〜 の1語でも表せる。 • 前置詞 to のあとには場所を表す名詞がくる。there「そこに」などの副詞が続く場合は、to をつけずに get there とする。

157 ☑ get well

回復する、よくなる

• well の比較級を用いた get better は「(より)よくなる」(254)。

158 ☑ a piece of 〜

1片[1本、1切れ]の〜

• 〈〜〉にくる不可算名詞の数を表す表現。 • 1つより多い数は、two [some, many] pieces of 〜「2つ[いくつか、たくさん]の〜」など、pieces と複数形にすることに注意。

159 ☑ 〜 and so on

〜など

• いくつかの例を列挙した最後に用いて、同種の例がほかにもあることを暗示する表現。
• and の前にコンマがつく場合も省略される場合もある。

160 ☑ after all

結局

• 予想に反して、という意外性の意味合いがある。「最後に」という意味ではないことに注意。

I tried to arrive at the place **on time**.	私は時間どおりにその場所に到着するよう努めた。
Why don't we have tea or coffee at that café?	あのカフェでお茶かコーヒーを飲みませんか。
It rained **all day** last Sunday.	先週の日曜日は1日中雨が降っていた。
What time are you going to **get to** the station?	あなたは何時に駅に到着する予定ですか。
I hope your mother **gets well** soon.	お母さんが早くよくなるといいですね。
I had **three pieces of** cake at her house.	私は彼女の家でケーキを3切れいただいた。
Today we visited temples, shrines, souvenir shops **and so on**.	今日，私たちはお寺や神社，土産物店などに行った。
I left home late, but I got there on time **after all**.	私は家を出るのが遅かったが，結局時間どおりにそこに着いた。

LEVEL 1
LEVEL 2
LEVEL 3
LEVEL 4
会話表現

1
5
3
▼
1
6
0

161 ☑ at that time

そのとき，当時(は)

= then

162 ☑ belong to 〜

〜に属している

● 進行形で用いないことに注意。

163 ☑ *be* covered with 〜

〜でおおわれている

● with のほかに，by や in も用いられる。
● cover ... with 〜「…を〜でおおう」

164 ☑ fall down

倒れる，転ぶ

● ものや人が地面などに倒れる動作を表す。　● fall の1語でも表せる。
● 後ろに目的語をとる場合がある。**fall down** the stairs「階段を転げ落ちる」

165 ☑ worry about 〜

〜について心配する

● *be* worried about 〜 の表現でも表せる。

166 ☑ first of all

まず第1に

● 一連のことを順序立てて述べるときに，その最初を導入する表現。
● 副詞の first でも表せる。

167 ☑ get home

家に着く，帰宅する

= come home (81)
● home は副詞なので，get to 〜(156)のような前置詞はつけずに用いる。

168 ☑ try on 〜

〜を試着する

● try 〜 on の語順もある。

She was living abroad **at that time**.	当時，彼女は海外に住んでいた。
My brother **doesn't belong to** any clubs at school.	兄は学校でどのクラブにも所属していない。
The whole area **was covered with** snow.	あたり一面が雪でおおわれていた。
That tree **fell down** because of the heavy snow.	あの木は大雪のせいで倒れた。
I **worry about** my grandfather living alone.	私は一人暮らしをしている祖父のことが心配だ。
First of all, I'll tell you the reason.	まず第1に，その理由をお話しします。
When I **got home**, my house was empty.	私が帰宅したとき，家にはだれもいなかった。
May I **try on** these jeans?	このジーンズを試着してもいいですか。

169 ☑ think of 〜 　　　　〜について考える，検討する

= think about 〜
● 「〜を思いつく」の意味でも用いる。**think of** a solution「解決策を思いつく」

170 ☑ take action 　　　　行動を起こす

● この action は「行動」の意味で不可算名詞。
● take no action は「何の行動も起こさない」。

171 ☑ ask for 〜 　　　　〜を求める

● for のあとには help「助け」，advice「助言」，information「情報」などがよく用いられる。
● ask ... for 〜「…に〜を求める」(382)

172 ☑ tell ... to 〜 　　　　…に〜するように言う

● 〈tell ＋人＋不定詞〉の構造。不定詞 to 〜の動作をするのは tell の目的語〈...〉である関係に注意する。　● ask ... to 〜「…に〜するように頼む」(215) も同じ構造。

173 ☑ want ... to 〜 　　　　…に〜してほしい

● (172) と同じ文構造で，〈want ＋人＋不定詞〉。
● 不定詞 to 〜の動作をするのは，want の目的語である〈...〉。want to 〜「〜したい」(96) では，不定詞 to 〜の動作をするのが文の主語である違いに注意。

174 ☑ get away 　　　　逃げる，逃れる，抜け出す

● 場所や状況から（困難を伴いながら）立ち去る，逃れるという意味。
● あとに from 〜「〜から」が続くことが多い。

175 ☑ at last 　　　　ついに，ようやく，やっと

= finally　● 待ち望んでいたり努力したりした末に，ということ。
● 順序を表す「最後に」の意味では用いない。

176 ☑ ... as well as 〜 　　　　〜だけでなく…も

● not only 〜 but (also) ... (145) と同様の意味。〈...〉のほうにやはり重点があるが，〈...〉と〈〜〉の出現順が(145)の表現と異なる点に注意。

Have you **thought of** the problem of plastic waste?	プラスチック廃棄物の問題について考えたことがありますか。
Many people **took action** to stop the war.	大勢の人が戦争を止めるために行動を起こした。
Don't be afraid to **ask for** help.	助けを求めることを怖がらないでください。
She **told** her daughter **to do** her homework before dinner.	彼女は娘に夕食前に宿題をするように言った。
I **want** them **to** know this story, too.	私は彼らにもこの話を知ってほしい。
We left the store to **get away** from the crowd.	私たちは人込みから逃れるため店を出た。
At last I found the solution.	ようやく私はその解決策を見つけた。
The actor is a good dancer **as well as** a good singer.	その俳優は歌だけでなく踊りも上手だ。

57

177 ☑ **a kind of ～**   ～の一種，一種の～

- of のあとはふつうは冠詞 a [an] をつけずに，単数形の名詞か不可算名詞がくる。
- 種類が複数の場合は ... <u>kinds</u> of ～ となる。
- 「～のようなもの」とあいまいに説明するときの使い方もある。

178 ☑ *be* **ready for ～**   ～の用意[準備]ができている

- get ready for ～ は「～の用意[準備]をする」。
- be ready to ～ (296) は「～する用意ができている」と「喜んで～する」の意味がある。

179 ☑ **in those days**   その当時(は)

= at that time (161)， then
- these days (23) と異なり，前置詞 in をつけて用いる。

180 ☑ **stop ～ing**   ～するのをやめる

- stop の目的語として動詞を続ける場合は，～ing 形(動名詞)にする。
- 〈stop ＋不定詞〉は，「～するために立ち止まる」という〈目的〉を表す意味になる。

181 ☑ **take a walk**   散歩をする

- go for a walk「散歩に出かける」
- take ～ for a walk「～を散歩に連れて行く」

182 ☑ **would like to ～**   ～したいと思う

- want to ～ (96)のていねいな表現。
- would like ... to ～「…に～してほしいと思う」

183 ☑ **move to ～**   ～へ引っ越す

- move from ～「～から引っ越す」

184 ☑ **make a mistake**   間違える

- 複数を表すときは make mistakes とする。 • mistake にはさまざまな修飾語がつく。
  make big [several] **mistakes**「大きな[いくつか]間違いをする」

It's <u>a kind of</u> ball game that came from China.	それは中国から伝わってきた一種の球技です。
I think I'<u>m ready for</u> the interview.	私は面接の準備はできていると思う。
<u>In those days</u>, you could not carry a phone with you.	当時は電話を持ち歩くことはできなかった。
We <u>stopped talking</u> and listened to her.	私たちは話すのをやめて，彼女の話を聞いた。
I <u>took a walk</u> in the park at night.	私は夜に公園を散歩した。
I <u>would like to</u> thank all of you.	みなさますべてに感謝したいと思います。
I <u>moved to</u> this city from Osaka two years ago.	私は2年前に大阪からこの市に引っ越してきた。
He never <u>makes</u> the same <u>mistake</u>.	彼は同じ間違いを決してしない。

185 ☐ make up *one*'s mind

決心する

= decide
● あとには about ~ 「~について」や to ~「~しようと」がよく用いられる。

186 ☐ the way to ~

~する方法

● to ~ は不定詞。 ● 前置詞 to ~ ではあとに名詞がきて、「~への道［道筋］」となる。the way to the station「駅への道」

187 ☐ go on

続く

● あとに ~ing 形（動名詞）を続けると「（中断せずに）~し続ける」の意味になる。**go on** working「働き続ける」
● あとに前置詞 to ~ を続ける go on to ~ は「~に（引き続き）進む，進学する」（443）。

188 ☐ with a smile

ほほえみながら

● with a big smile「満面の笑みで」

189 ☐ see a doctor

医者にみてもらう

● go to the doctor や，go (and [to]) see a doctor でも同様の意味を表せる。

190 ☐ in this way

このようにして

● この way は「方法，やり方」。前置詞 in を省略した this way だけでもよく使われる。
● (in) that way「あのように，そのように」

191 ☐ need to ~

~する必要がある

● don't need to ~ は「~する必要はない」の意味で，don't have to ~（102）と同様に不必要を表す。

192 ☐ either ~ or ...

~か…のどちらか

● both ~ and ...（123）と同様に，or の前後には（代）名詞，形容詞，副詞など，さまざまな語句がくる。

I **made** **up** **my** **mind** to study abroad.	私は留学しようと<u>決心した</u>。
What is **the** **best** **way** **to** **get** to Tokyo Station?	東京駅へ行くいちばんいい<u>方法</u>は何ですか。
They **went** **on** working until late at night.	彼らは夜遅くまで<u>働き続けた</u>。
She spoke to me **with** **a** **smile**.	彼女は<u>ほほえみながら</u>私に話しかけてきた。
Have you **seen** **a** **doctor** about your headache yet?	頭痛のことでもう<u>医者にみてもらいました</u>か。
In **this** **way**, he became a hero to us.	<u>このようにして</u>, 彼は私たちにとっての英雄になった。
We **need** **to** **reduce** plastic waste for the environment.	私たちは環境のためにプラスチックごみを<u>減らす必要がある</u>。
I'm thinking of joining **either** the soccer **or** rugby team.	私はサッカー部かラグビー部<u>のどちらか</u>に入ろうと考えている。

193 ☑ not as 〜 as ...

…ほど〜でない

= not so 〜 as ...   ● as 〜 as ... (112)の否定表現。比較の対象〈...〉よりも，〈〜〉の程度が劣ることを表す表現。

194 ☑ as 〜 as ... can

できるだけ〜

● as 〜 as ... (112)の表現の1つ。   ● 過去の文では can ではなく could を使う。
● as 〜 as possible「できるだけ〜」(407)も同様の表現。

195 ☑ hear from 〜

〜から連絡をもらう

● 手紙やEメール，電話などが〈〜〉からあることを表す。

196 ☑ get into 〜

〜に乗り込む，入る

⇔ get out (of 〜) (75)   ● おもに小型の乗り物「に乗り込む」，建物など「に入る」場合などに使われる。目的語をとらない get in は「乗る」。   ● get on (〜) (71)

197 ☑ take a break

休憩する

● **take a** short [five-minute] **break**「短い[5分間の]休憩をとる」

198 ☑ put 〜 in ...

〜を…に入れる

● put は「〜を(ある場所に)置く，移す」という意味を基本として，目的語〈〜〉のあとに続ける語句に応じた意味で柔軟に使う。
● in ... の代わりに into ... を用いると「…の中に」とより強調された意味合いになる。

199 ☑ It takes (−) ... to 〜.

(−が)〜するのに…かかる。

● it は仮の主語(形式主語)で，不定詞 to 〜が真の主語「〜することは」。
● この take は「…(時間)がかかる」。〈take ＋人(−)＋時間(...)〉の構造でも用いられる。

200 ☑ one after another

次から次へと

= one after the other

Today's test <u>was</u> <u>not</u> <u>as</u> difficult <u>as</u> the last one.	今日のテストは前回の<u>ほど</u>難しくなかった。
Please call her <u>as</u> <u>soon</u> <u>as</u> <u>you</u> <u>can</u>.	<u>できるだけ早く</u>彼女に電話をしてあげてください。
I'm really looking forward to <u>hearing</u> <u>from</u> you.	あなたからの<u>連絡</u>をとても楽しみにしています。
She came out of the concert hall and <u>got</u> <u>into</u> a taxi.	彼女はコンサートホールから出てきて，タクシーに<u>乗り込んだ</u>。
Why don't we <u>take</u> <u>a</u> five-minute <u>break</u>?	5分間<u>休憩</u>しませんか。
I <u>put</u> the cake I bought <u>in</u> the fridge.	私は買ってきたケーキを冷蔵庫に<u>入れた</u>。
<u>It</u> <u>took</u> her two hours <u>to</u> <u>get</u> ready for the trip.	彼女が旅行の準備をするのに2時間<u>かかった</u>。
The group ordered dishes <u>one</u> <u>after</u> <u>another</u>.	その団体は<u>次から次へと</u>料理を注文した。

LEVEL 1
LEVEL 2
LEVEL 3
LEVEL 4
会話表現

193
▼
200

STEP 14 (p.38)

☑ ～しなければならない	have to ～
☑ ～する必要はない	don't have to ～
☑ ～し始める	begin to ～
☑ …のような～	～ such as ...
☑ 少し(の～), 少量(の～)	a little (～)
☑ 少し(の～), 少数(の～)	a few (～)
☑ 最初は, 初めのうちは	at first

STEP 15 (p.40)

☑ ～するつもりだ	*be* going to ～
☑ ～のせいで, ～のために	because of ～
☑ お互い	each other
☑ 将来	in the future
☑ …と同じくらい～	as ～ as ...
☑ (過去の)ある日, (未来の)いつか	one day
☑ ～を拾い上げる	pick up ～

STEP 16 (p.42)

☑ ～を待つ	wait for ～
☑ ～でいっぱいだ	*be* full of ～
☑ 長い間	for a long time
☑ 初めて	for the first time
☑ (未来の)いつか	some day
☑ ～以上(の), ～より多い	more than ～
☑ ～の世話をする	take care of ～

STEP 17 (p.44)

☑ ～を恐れる[怖がる]	*be* afraid of ～
☑ ～も…も両方とも	both ～ and ...
☑ 実現する	come true
☑ 最善を尽くす	do *one*'s best
☑ ～の1つ[1人]	one of ～
☑ ～のいくつ[何人, いくら]か	some of ～
☑ 逃げる, 走り去る	run away
☑ ～を誇りに思う	*be* proud of ～

STEP 18 (p.46)

☑ (～を)降りる	get off (～)
☑ ～に滞在する, 泊まる	stay at [in] ～
☑ ～の家に泊まる	stay with ～
☑ ～と異なる	*be* different from ～

STEP 18 (p.46)

☑ 実は，実際は	in fact
☑ ～の前に	in front of ～
☑ ～を楽しみにして待つ	look forward to ～
☑ ～しないで	without ～ing

STEP 19 (p.48)

☑ まったく～ない	not ～ at all
☑ ～から外へ	out of ～
☑ ～してくれますか。	Will you ～?
☑ ～していただけますか。	Could you ～?
☑ ～はいかがですか。	Would you like ～?
☑ ～から…まで	from ～ to ...
☑ ～のように見える，～に似ている	look like ～

STEP 20 (p.50)

☑ ～だけでなく…も(また)	not only ～ but (also) ...
☑ ～を取り[持ち]出す	take out ～
☑ ～しようとする[努力する]	try to ～
☑ ためしに～してみる	try ～ing
☑ (-が)～するのは…だ。	It is ... (for -) to ～.
☑ 困っている	be in trouble
☑ (～へ)旅行に出かける	go on a trip (to ～)
☑ 遠くに	far away

STEP 21 (p.52)

☑ 時間どおりに	on time
☑ ～しませんか。	Why don't we ～?
☑ 1日中	all day (long)
☑ ～に到着する	get to ～
☑ 回復する，よくなる	get well
☑ 1片[1本，1切れ]の～	a piece of ～
☑ ～など	～ and so on
☑ 結局	after all

STEP 22 (p.54)

☑ そのとき，当時(は)	at that time
☑ ～に属している	belong to ～
☑ ～でおおわれている	be covered with ～
☑ 倒れる，転ぶ	fall down
☑ ～について心配する	worry about ～
☑ まず第1に	first of all
☑ 家に着く，帰宅する	get home
☑ ～を試着する	try on ～

STEP 23 (p.56)

☑ ～について考える，検討する	think **of** ～
☑ 行動を起こす	take **action**
☑ ～を求める	ask **for** ～
☑ …に～するように言う	tell **...** to ～
☑ …に～してほしい	want **...** to ～
☑ 逃げる，逃れる，抜け出す	get **away**
☑ ついに，ようやく，やっと	at **last**
☑ ～だけでなく…も	**...** as **well** as ～

STEP 24 (p.58)

☑ ～の一種，一種の～	a **kind** of ～
☑ ～の用意[準備]ができている	*be* **ready** for ～
☑ その当時(は)	in **those** days
☑ ～するのをやめる	stop ～**ing**
☑ 散歩をする	take a **walk**
☑ ～したいと思う	would **like** to ～
☑ ～へ引っ越す	move **to** ～
☑ 間違える	make a **mistake**

STEP 25 (p.60)

☑ 決心する	make **up** *one's* **mind**
☑ ～する方法	the **way** to ～
☑ 続く	**go** on
☑ ほほえみながら	with a **smile**
☑ 医者にみてもらう	see a **doctor**
☑ このようにして	in **this** way
☑ ～する必要がある	**need** to ～
☑ ～か…のどちらか	either ～ or **...**

STEP 26 (p.62)

☑ …ほど～でない	not as ～ as **...**
☑ できるだけ～	as ～ as **...** can
☑ ～から連絡をもらう	hear **from** ～
☑ ～に乗り込む，入る	get **into** ～
☑ 休憩する	take a **break**
☑ ～を…に入れる	put ～ in **...**
☑ (―が)～するのに…かかる。	It **takes** (―) **...** to ～.
☑ 次から次へと	one **after** another

LEVEL

3

中学3年生・公立高校入試レベル

STEP 27〜52 | 200熟語（201▶400）

おもに中学3年生で学習する英熟語と，公立高校入試でよく見られる英熟語です。公立高校入試の対策として，このLEVEL 3まではすべて覚えてしまいましょう。

関連情報には，熟語の重要な使い方や表現に加えて，公立高校入試をより意識した情報や表現，説明を掲載しました。関連情報を押さえておくだけでも入試で差がつくでしょう。

例文の文法や文構造は，中学3年生までの内容で構成されています。公立高校入試で実際に見られる熟語の使われ方や，長文読解の文脈・場面を意識した，実戦的な例文です。LEVEL 2 より文の語数は少し多めですが，すでに学んだ見出し語が繰り返し多く使われているので，理解もスムーズでしょう。

201 ☑ how to 〜 ～の仕方，～する方法

● 「どのように～したらよいか」を表す〈疑問詞＋不定詞〉の表現。名詞の働きをする。
● what to 〜 「何を～したらよいか」(209)も同様の表現。

202 ☑ not 〜 but ... ～でなく…

● 〈～〉と〈...〉には名詞，動詞などさまざまな語句がくる。
● ..., not 〜 と示すことも可能。by train, **not** by plane 「飛行機ではなく電車で」

203 ☑ decide to 〜 ～しようと決心する

● decide は make up *one's* mind (185) と同意。
● decide のあとに不定詞 to 〜 はくるが，～ing 形（動名詞）はこないことに注意。

204 ☑ learn about 〜 ～について学ぶ

● 「～について（聞いて）知る」の意味もある。 ● 〈learn ＋名詞(...) ＋ about 〜〉は「～について…を学ぶ」。 **learn** a lot **about** 〜 「～について多くを学ぶ」

205 ☑ on the Internet インターネットで

● on TV 「テレビで」，on the radio 「ラジオで」

206 ☑ the number of 〜 ～の数

● 〈～〉にはふつう冠詞のつかない複数形の名詞がくる。 ● この表現の語句が主語のとき，動詞は単数形で受ける。 ● a number of 〜 は「多数の～，いくつかの～」(453)。

207 ☑ be happy to 〜 ～してうれしい

● 不定詞 to 〜 は〈原因〉を表している。*be* sad to 〜 なら「～して悲しい」。
● 「喜んで～する」の意味でも使われる。*be* **happy** to **help** them 「喜んで彼らを手伝う」

208 ☑ be able to 〜 ～することができる

＝ can
● 「～することができるだろう」という未来のことは，will be able to 〜 とする。

My father taught me **how to** use a computer.

父は私にコンピューターの使い方を教えてくれた。

He went to Hakata **not** by plane **but** by train.

彼は博多に飛行機ではなく電車で行った。

She **decided to** ask for his advice.

彼女は彼の助言を求めることに決めた。

I **learned about** the history of this city.

私はこの市の歴史について学んだ。

She tried buying clothes **on the Internet**.

彼女はためしにインターネットで服を買ってみた。

The number of students in the school is decreasing.

その学校の生徒数は減少している。

I**'m happy to** hear that he has gotten well.

彼が元気になったと聞いてうれしいです。

In those days, I **was able to** run as fast as my brother.

当時，私は兄と同じくらい速く走ることができた。

209 ☑ what to ~

何を～したらよいか

- how to ~ (201) と同様，〈疑問詞＋不定詞〉の表現。名詞の働きをする。
- where to ~「どこで[に，へ] ～したらよいか」，when to ~「いつ～したらよいか」

210 ☑ *be* glad to ~

～してうれしい

- be happy to ~ (207) と同様，不定詞 to ~ は〈原因〉を表している。●「喜んで～する」の意味もある。**will be glad to answer** any questions「どんな質問にも喜んで答える」

211 ☑ the next day

その翌日，次の日

- 前置詞をつけずに副詞の働きをする表現。● the をつけて，過去や未来の特定の日を念頭に置いた「その翌日」を表す。現在を念頭に置くなら tomorrow を用いる。

212 ☑ How much ~?

どのくらいの～か。

- much のあとに不可算名詞を続けて〈量〉をたずねるときの表現。How many ~? は可算名詞について「どのくらい多く～か，いくつの～か」と〈数〉をたずねる表現。
- 値段を「いくらですか」とたずねる表現でもある。(C6)

213 ☑ throw away ~

～を捨てる

- throw ~ away の語順もある。**throw it away**「それを捨てる」

214 ☑ agree with ~

～に同意する

- 前置詞の使い分けは，〈agree with ＋人や意見など〉，〈agree to ＋計画や提案など〉，〈agree on [about] ＋同意する内容や話題など〉。● agree (that) ~「～という点で意見が同じだ」

215 ☑ ask ... to ~

…に～するように頼む

- 〈ask ＋人＋不定詞〉。不定詞 to ~ の動作をするのは，ask の目的語である人〈...〉。tell ... to ~ は「…に～するように言う」(172)。

216 ☑ according to ~

～によれば

- 〈～〉には人や情報源の名詞がくる。人の場合は第三者(him, her など)の意見を示す。自分自身の me や my opinion などには用いず，代わりに in my opinion (376) などを使う。

We talked about **what to do** next for those people.	私たちはその人たちのために次に何をしたらよいかを話し合った。
I'm **glad to know** how you really feel.	私はあなたの本当の気持ちがわかってうれしいです。
The next day I went to see a doctor.	その翌日，私は医者に行ってみてもらった。
Do you know **how much** water we use in a day?	私たちは1日にどれくらいの水を使うか知っていますか。
I had to **throw away** a lot of things before I moved.	私は引っ越す前にたくさんのものを捨てなければならなかった。
He **didn't agree with** my opinion at first, but now he does.	彼は最初は私の意見に賛同してくれなかったが，今ではしてくれている。
I **asked** him **to play** one more song.	私は彼にもう1曲演奏してくれるように頼んだ。
According to the graph, the number of visitors to this city is increasing.	グラフによれば，この市への訪問者数は増加している。

LEVEL 1

LEVEL 2

LEVEL 3

LEVEL 4

会話表現

209 ▼ 216

217 ☑ most of 〜 — 〜のほとんど，〜の大部分

- この most は代名詞。〈〜〉には〈the [my, these など] ＋名詞〉や，us などの代名詞がくる。
- この表現が主語のとき，動詞は〈〜〉の名詞・代名詞に一致させる。**Most of** them were broken. 「それらのほとんどが壊れていた」(them の複数に一致させて were)

218 ☑ keep 〜ing — 〜し続ける

- keep <u>on</u> 〜ing は，継続や反復の程度がより強調された表現。

219 ☑ so 〜 that ... — とても〜なので…だ

- that はよく省略される。 • too ... to 〜 (323)でも表せる。 The box was **too** heavy **for** her **to** carry alone. 「その箱は彼女には重すぎて1人では運べなかった」
- so that 〜 は「〜するために」(402)。

220 ☑ thanks to 〜 — 〜のおかげで

- because of 〜 (109)と同様に理由や原因を表す。
- 「〜のせいで」と否定的な意味でも使われる。

221 ☑ share 〜 with ... — 〜を…と共有する[分かち合う]

- 「〜(もの)を…と分け合う」の意味もある。**share** our food **with** the others 「私たちの食料をほかの人たちと分け合う」

222 ☑ communicate with 〜 — 〜とコミュニケーションをとる

- 「〜と連絡をとる[とりあう]」の意味でも使われる。

223 ☑ make a speech — スピーチ[演説]をする

= give a speech
- 「〜について(のスピーチ)」は on [about] 〜 で表す。

LEVEL 1   LEVEL 2   LEVEL 3   GOAL

Most of the **students** in my class come to school by bike.	クラスの生徒のほとんどは自転車で通学している。
He **kept practicing** even after dark.	彼は暗くなっても練習し続けた。
The box was **so** heavy **that** she couldn't carry it alone.	その箱はとても重かったので，彼女は1人で運べなかった。
Thanks to my friends, I enjoy my school life.	友人たちのおかげで，私は学校生活を楽しんでいる。
She **shared** her volunteer experience **with** her classmates.	彼女はボランティアでの経験をクラスメートと分かち合った。
I want to **communicate with** people around the world.	私は世界中の人とコミュニケーションをとりたい。
I **made a speech** in English **about** my favorite book in class.	私は授業でいちばん好きな本について英語でスピーチをした。

LEVEL 1
LEVEL 2
LEVEL 3
LEVEL 4
会話表現
2 1 7
▼
2 2 3

224 □ **have a chance to 〜** 〜する機会がある

- have の代わりに get でも近い意味を表せる。
- if [when] you have [get] a chance 「機会があれば」

225 □ **walk around (〜)** (〜を)歩き回る，散策する

- around には「(〜の)まわりを[に]」や「(〜の)あちこちを[に]」の意味がある。

226 □ **hear about 〜** 〜について(詳しく)聞く

- 〈〜〉について，その周辺状況なども含めて聞いて知っている，ということ。
- hear from 〜 (195)，hear of 〜 「〜のことを耳にする」(242)

227 □ **take part in 〜** 〜に参加する

- take part で「参加する」。
- participate in 〜 でも表せる。

228 □ **next time** この次(は)，今度

- the next day (211) と同様，前置詞をつけずに副詞の働きをする。

229 □ **introduce 〜 to ...** 〜を…に紹介する

- 〈〜〉の語句が長いときは introduce to ... 〜 の語順にもなる。introduce <u>to you</u> <u>one of our traditional cultures</u> • introduce *one*self は「自己紹介をする」。

230 □ **forget to 〜** 〜するのを忘れる

- to 〜 は不定詞。するべきことをし忘れる，ということ。
- forget 〜ing は「(過去に)〜したことを忘れる」という意味。

231 □ *be* **used to 〜** 〜(するの)に慣れている

- to は前置詞で，あとには名詞や 〜ing 形(動名詞)を続ける。
- get use to 〜 で「〜するのに慣れる」。 • used to 〜「よく〜したものだ」(405)

At last I **had a chance to** meet him yesterday.	私はようやく昨日彼に会う機会があった。
We **walked around** the mall for an hour.	私たちは1時間ショッピングモールを歩き回った。
I **heard about** the accident the next day.	私はその翌日に事故について聞いた。
I was happy to **take part in** the local events in your country.	あなたの国の現地の行事に参加できてうれしかったです。
Let's go to the movies **next time**.	今度は映画に行きましょう。
Today I'd like to **introduce** one of our traditional cultures **to** you.	今日は私たちの伝統文化の1つをみなさんにご紹介したいと思います。
Don't **forget to** bring your umbrella.	傘を持ってくるのを忘れないでね。
I **am** still not **used to** getting up early.	私は早く起きるのにまだ慣れていない。

LEVEL 1
LEVEL 2
LEVEL 3
LEVEL 4
会話表現

224
▼
231

232 ☐ from abroad

海外から(の)

- study abroad (84), go abroad「外国に行く」(253)

233 ☐ *be* sure (that) 〜

〜であると確信している

- that のあとには〈主語＋動詞〜〉が続く。この that は省略されることが多い。
- I'm sure (that) 〜.「きっと〜だと思う」 ・ *be* sure of [about] 〜「〜を確信している」

234 ☐ half of 〜

〜の半分

- of のあとにくる名詞・代名詞が複数かどうかによって、あとの動詞の数を合わせる。
  half of the <u>tomato is</u> 〜「(1 つの)トマトの半分は〜」、half of the <u>tomatoes are</u> 〜「(複数の)トマトの半分は〜」

235 ☐ at the end of 〜

〜の終わりに

- until [by] the end of 〜「〜の終わりまで[までに]」

236 ☐ since then

それ以来

- since を接続詞「〜して以来」で使うときは、〈since ＋主語＋動詞〜〉となる。
- 現在完了形とともに使われることが多い。

237 ☐ by *one*self

1 人で、独力で

- 自分だけで、あるいはだれの助けも得ずに、ということ。
- all がついて all by *one*self としたり、by が省略されて *one*self だけで用いられたりする。

238 ☐ look around (〜)

(〜を)見て回る

- 「(〜を)見回す」の意味もある。

239 ☐ come and 〜

〜しに来る

- and 以下の動作が目的にあたる。 ・ and が省略された come 〜 もよく使われる。
- go and 〜 は「〜しに行く」。

Many people **from abroad** were glad to see Mt. Fuji.	海外からの多くの人たちは富士山を見て喜んでいた。
She **was** not **sure that** we would win the contest.	彼女は私たちがコンテストに勝てるか確信が持てなかった。
More than **half of** them were looking at their smartphones while they ate.	彼らの半数以上が食事中にスマートフォンを見ていた。
We have a school trip **at the end of** this month.	私たちは今月の終わりに修学旅行がある。
We have been good friends **since then**.	私たちはそれ以来仲のよい友人だ。
I think I can go there **by myself**.	そこへは1人で行けると思います。
I **looked around** all the floors of the museum.	私は美術館のすべてのフロアを見て回った。
Please **come and** stay with us again if you have a chance.	機会があれば，またうちに泊まりに来てください。

240 ☑ not ～ any more | これ以上[もはや]～ない

- any more は anymore と1語でつづることもある。

241 ☑ at the same time | 同時に

- 前に述べたことと異なる状況を (but) at the same time「けれどもやはり」と続けて述べる使い方もある。

242 ☑ hear of ～ | ～のことを耳にする

- 〈～〉のことを聞いたことがあり、その存在を知っているということ。
- hear from ～ (195) や hear about ～ (226) と混同しないよう注意。

243 ☑ get sick | 病気になる

= become sick
- feel sick「はき気がする」

244 ☑ a long time ago | ずいぶん前に

= long ago

245 ☑ go straight | まっすぐ行く

- straight は「まっすぐに」という副詞。 ・「(寄り道をせずに)まっすぐに」という意味もある。come **straight** home「まっすぐに帰宅する」

246 ☑ *be* in (the) hospital | 入院している

- *be* out of (the) hospital は「退院している」。go to (the) hospital なら「入院する」、leave (the) hospital は「退院する」。

247 ☑ encourage ... to ～ | …に～するよう促す[勧める]

- 〈encourage ＋人＋不定詞〉の表現。不定詞 to ～ の動作をするのは、encourage の目的語である人〈...〉。 ・encourage ... には「…を励ます、勇気づける」の意味もある。

If you **don't** need those clothes **any more**, give them to me.	それらの服がもういらないのなら，私にください。
She was preparing a meal and cleaning **at the same time**.	彼女は食事の準備と掃除を同時に行っていた。
I've never **heard of** that person.	私はその人のことを聞いたことがない。
He worked too hard and **got sick**.	彼は働きすぎて病気になった。
That store closed **a long time ago**.	その店はずいぶん前に閉店した。
Go straight and turn right at the supermarket.	まっすぐ行ってスーパーマーケットのところを右折してください。
My grandmother has **been in the hospital** since then.	祖母はそれ以来入院している。
She **encouraged** her sister **to become** a singer.	彼女は妹に歌手になるよう勧めた。

79

248 □ do well

うまくいく，成功する

- 学校などでの「成績がよい」の意味にもなる。
- 「〜でうまくいく」は do well in [at] 〜。**do well** in [at] school 「学校の成績がよい」

249 □ graduate from 〜

〜を卒業する

- 前置詞 from をつけることに注意。

250 □ happen to 〜

たまたま[偶然]〜する

- この to 〜 は不定詞。 ● to を前置詞で用いる〈happen to ＋名詞〉は「〜に起こる」という意味。What **happened to** your bike?「自転車をどうしたの？（自転車に何が起こったの？）」

251 □ on the way

途中で

- on the way to 〜「〜への途中で」，on the way home「帰る途中で」
- on *one*'s way とも表す。on *one*'s way (to 〜) (55)

252 □ change trains

列車を乗り換える

- trains と複数形にすることに注意。

253 □ go abroad

外国に行く

- abroad「外国に[へ，で]」は副詞なので，前置詞をつけないで用いる。study abroad (84)

254 □ get better

よくなる

⇔ get worse「悪くなる」
- 体調，状況，技術など，さまざまなことに対して「よりよくなる」ことを表せる。

255 □ call (〜) back

(〜に)電話をかけ直す

- Could you **call back** later?「あとで電話をかけ直していただけますか」

He is **doing** very **well** in his club activities.	彼はクラブ活動でとてもうまくやっている。
My grandmother **graduated from** this school a long time ago.	祖母はずいぶん前にこの学校を卒業した。
I **happened to** meet my friend in front of the post office.	私は郵便局の前でたまたま友人に会った。
I bought a drink **on the way** and took a break.	私は途中で飲み物を買って一休みした。
You can get to the station without **changing trains**.	列車を乗り換えずにその駅まで行くことができますよ。
He decided to **go abroad** to learn to dance.	彼はダンスを習うために外国に行くことにした。
Thanks to hard practice, her performance is **getting better**.	懸命な練習のおかげで、彼女の演奏はよくなっている。
I'll **call** you **back** later.	あとであなたに電話をかけ直しますね。

256 ☑ **right now**　　ちょうど今，今すぐに

● 「今すぐに」は right away や at once（424）でも表せる。

257 ☑ **I hear (that) 〜.**　　〜だそうだ。

● 聞いて知ったことを伝える表現。 ● that は省略されることが多い。that のあとは〈主語＋動詞〜〉が続く。 ● It is said (that) 〜.（355）でも表せる。

258 ☑ **depend on 〜**　　〜次第だ，〜に頼る

● You can **depend on** me.「私を頼ってください」

259 ☑ **go up (〜)**　　（〜を）上がる，（〜を）登る

⇔ go down（〜）「（〜を）下る」
● go up to ... で「…に上がる」，go up 〜 to ... で「〜を…まで上がる」。

260 ☑ **lots of 〜**　　たくさんの〜

● a lot of 〜（13）と同様に，可算名詞・不可算名詞のいずれも修飾できる。

261 ☑ **again and again**　　何度も何度も

= many times（78），over and over (again)（469）

262 ☑ **work on 〜**　　〜に取り組む

● 何かの改善や達成，あるいは作品などの制作に取り組むことを表す。

263 ☑ **It says (that) 〜.**　　（それには）〜と書いてある。

● it は前に述べられている掲示や表示，本，記事，手紙などの媒体を指し，そこに書かれていることを that 以下で示す表現。it ではなくその媒体をそのまま主語にして表してもよい。The letter **said (that)** 〜.「手紙には〜と書いてあった」

I'm free **right now**, so I'll go and buy it.	私はちょうど今ひまだから，私がそれを買いに行きましょう。
I **hear that** he is in the hospital.	彼は入院している<u>そうだ</u>。
I'd like to join the party too, but it **depends on** the time.	私もパーティーに参加したいけど，時間次第です。
I **went up** the stairs **to** the 10th floor.	私は階段を 10 階まで上がった。
We collected **lots of** trash on the beach.	私たちは浜辺でたくさんのごみを集めた。
I watched that video **again and again** on the Internet.	私はインターネットでその動画を何度も何度も見た。
He is **working on** a new plan to help children learn.	彼は子どもたちの学習を支援する新しい計画に取り組んでいる。
It says that there will be an emergency drill on September 1.	それには 9 月 1 日に防災訓練があると書いてある。

STEP 27 (p.68)

☑ ～の仕方, ～する方法	how to ～
☑ ～でなく…	not ～ but …
☑ ～しようと決心する	decide to ～
☑ ～について学ぶ	learn about ～
☑ インターネットで	on the Internet
☑ ～の数	the number of ～
☑ ～してうれしい	be happy to ～
☑ ～することができる	be able to ～

STEP 28 (p.70)

☑ 何を～したらよいか	what to ～
☑ ～してうれしい	be glad to ～
☑ その翌日, 次の日	the next day
☑ どのくらいの～か。	How much ～?
☑ ～を捨てる	throw away ～
☑ ～に同意する	agree with ～
☑ …に～するように頼む	ask … to ～
☑ ～によれば	according to ～

STEP 29 (p.72)

☑ ～のほとんど, ～の大部分	most of ～
☑ ～し続ける	keep ～ing
☑ とても～なので…だ	so ～ that …
☑ ～のおかげで	thanks to ～
☑ ～を…と共有する[分かち合う]	share ～ with …
☑ ～とコミュニケーションをとる	communicate with ～
☑ スピーチ[演説]をする	make a speech

STEP 30 (p.74)

☑ ～する機会がある	have a chance to ～
☑ (～を)歩き回る, 散策する	walk around (～)
☑ ～について(詳しく)聞く	hear about ～
☑ ～に参加する	take part in ～
☑ この次(は), 今度	next time
☑ ～を…に紹介する	introduce ～ to …
☑ ～するを忘れる	forget to ～
☑ ～(するの)に慣れている	be used to ～

STEP 31 (p.76)

☑ 海外から(の)	**from** abroad
☑ ～であると確信している	**be** sure **(that)** ～
☑ ～の半分	half **of** ～
☑ ～の終わりに	**at the** end **of** ～
☑ それ以来	since then
☑ 1人で，独力で	**by** one**self**
☑ (～を)見て回る	look **around** (～)
☑ ～しに来る	come **and** ～

STEP 32 (p.78)

☑ これ以上[もはや]～ない	not ～ any more
☑ 同時に	**at the** same time
☑ ～のことを耳にする	hear **of** ～
☑ 病気になる	**get** sick
☑ ずいぶん前に	**a** long time ago
☑ まっすぐ行く	**go** straight
☑ 入院している	**be** in **(the)** hospital
☑ …に～するよう促す[勧める]	encourage … **to** ～

STEP 33 (p.80)

☑ うまくいく，成功する	**do** well
☑ ～を卒業する	graduate **from** ～
☑ たまたま[偶然]～する	happen **to** ～
☑ 途中で	**on the** way
☑ 列車を乗り換える	change trains
☑ 外国に行く	go abroad
☑ よくなる	get better
☑ (～に)電話をかけ直す	call (～) **back**

STEP 34 (p.82)

☑ ちょうど今，今すぐに	right now
☑ ～だそうだ。	I hear **(that)** ～.
☑ ～次第だ，～に頼る	depend **on** ～
☑ (～を)上がる，(～を)登る	go up (～)
☑ たくさんの～	lots **of** ～
☑ 何度も何度も	again **and** again
☑ ～に取り組む	work **on** ～
☑ (それには)～と書いてある。	It says **(that)** ～.

264 □ *be* impressed with ～
～に感銘を受ける[感動する]

- with の代わりに by も使われる。

265 □ far from ～
～から遠い

- live **far from** the house 「家から遠くに住む」
- 「～にはほど遠い」という意味もある。*be* **far from** perfect 「完璧にはほど遠い」

266 □ smile at ～
～にほほえみかける

- **smile at** each other 「互いにほほえみ合う」 ● smile back (at ～)「(～に)ほほえみ返す」
- laugh at ～「～を笑う」(380)

267 □ go ～ing
～しに行く

- ～ing には買い物や娯楽，スポーツなどの活動を表す内容がくる。
- 「…に～をしに行く」と場所を表すときは，to … ではなく，～ing の動作に合わせた前置詞を使う。**go fishing** in the sea (← fish in the sea「海で釣りをする」)

268 □ as soon as ～
～するとすぐに

- as ～ as …(112)の表現の 1 つ。 ● 2 つ目の as のあとが未来の内容を表していても，will の表現にはせずに現在形を用いることに注意。

269 □ just like ～
まさに～のように，～と同様に

- この like は前置詞「～のような」。
- look just like ～「～とそっくりだ」

270 □ this time
今回は，今度(こそ)は

- next time (228) ● 意味の違いに注意。this time tomorrow「明日の今ごろは」，at this time 「今は」，at this time of the year「1 年のこの時期は」

271 □ return ～ to …
～を…に返す

- return to ～ は「～に戻る」。**return to** Japan「日本に戻る」

I **was** very **impressed with** his works.	私は彼の作品に大いに感銘を受けた。
That place **is too far from** here.	その場所はここから遠すぎます。
When I spoke to him, he **smiled at** me.	私が彼に声をかけると、彼は私にほほえんだ。
My father **goes fishing** in the sea on Sundays.	父は日曜日には海に釣りをしに行く。
She wants to study abroad **as soon as** she graduates from school.	彼女は学校を卒業したらすぐに留学をしたいと思っている。
You are wearing a shirt **just like** mine.	あなたは私のとそっくりなシャツを着ていますね。
The team is very strong, but **this time** I'm sure we will win.	そのチームはとても強いけど、今度こそ私たちはきっと勝ちます。
I forgot to **return** the book **to** him today.	私は今日、本を彼に返すのを忘れてしまった。

272 ☑

make a plan

計画を立てる

● 「～の(計画)」は for ～，「～する(計画)」は不定詞の to ～ を続ける。**make plans** to travel abroad「外国旅行をする計画を立てる」

273 ☑

prepare for ～

～の準備をする，～に備える

● **prepare for** disaster「災害に備える」

274 ☑

hundreds of ～

何百もの～，多数の～

● 漠然と多い数を表す。 ● hundreds と複数形にして，〈～〉は複数を表す名詞を用いる。
● thousands of ～「何千もの～，無数の」(282)

275 ☑

for a while

しばらくの間

● この while は名詞。ふつう a while の形で「期間，時間」という意味を表す。
● after a while は「しばらくして」。

276 ☑

wish to ～

～したいと思う

● to ～ は不定詞。want to ～ (96)よりも堅い表現。
● wish for ～「～を望む[願う]」

277 ☑

cut off

～を切り取る

● 本体からその一部を切り離すことを表す。

278 ☑

in total

合計で

● この total は「合計」という名詞。

279 ☑

at any time

いつでも

● at が省略される any time や，1 語の anytime でも表せる。

Have you **made plans** for the summer vacation?	夏休みの計画を立てましたか。
I got up early to **prepare for** the party.	私はパーティーの準備をするために早く起きた。
This tree has been here for **hundreds of** years.	この木は何百年も前からここにある。
I looked around **for a while** but could not find him.	私はしばらくの間あたりを見回したが，彼を見つけられなかった。
He **wishes to** take **part** in this volunteer activity, too.	彼もこのボランティア活動に参加したいと思っています。
She **cut off** her long hair for a movie role.	彼女は映画の役のために長い髪をばっさり切った。
How much is it **in total**?	合計でいくらですか。
We can buy things through the Internet from home **at any time**.	私たちはインターネットによって自宅からいつでも買い物ができる。

280 ☑ more and more 〜 — ますます多くの〜

● 名詞を修飾するほかに,「ますます〜」の意味で形容詞や副詞などを修飾する使い方もある。**more and more** important「ますます重要で」

281 ☑ on the other hand — 他方では

● 2つの異なる状況を対比させるときの表現。1つ目のほうに on the one hand を含めて,対比の構図をよりはっきりさせることもある。

282 ☑ thousands of 〜 — 何千もの〜,無数の〜

● hundreds of 〜 (274) と同様に, thousands と複数形にすること,〈〜〉には複数を表す名詞を用いることに注意。

283 ☑ soon after 〜 — 〜の直後に

● after が接続詞なら「〜したあとすぐに」,前置詞なら「〜のあとすぐに」となる。
● ... after 〜 で「〜のあと…」を表し, after の前に soon などの期間を表す語句を置く。**soon after** lunch「昼食の直後に」

284 ☑ by mistake — 誤って,間違って

● この表現では mistake に冠詞 a をつけないことに注意。(→ make a mistake (184))

285 ☑ less than 〜 — 〜より少なく

= under 〜, ⇔ more than 〜 (120)
● 〈〜〉には数を表す語句がくる。
● **less than** five people であれば「5人未満」「4人以下」。おおまかに「〜以下」とすることも多い。

286 ☑ keep 〜 in mind — 〜を心にとどめておく

● keep の目的語〈〜〉が that 節のときは, keep in mind that 〜「〜ということを心にとどめておく」となる。

More and more people are becoming interested in environmental problems.	ますます多くの人が環境問題に関心を持つようになっている。
His stories are always interesting, but **on the other hand** they are sometimes difficult.	彼の話はいつも興味深いが，他方でたまに難しい。
Thousands of fans were waiting for the players at the airport.	何千ものファンが空港で選手たちを待っていた。
My friend called me **soon after** she arrived in Japan.	友人は日本に着いてすぐに私に電話をくれた。
I threw away an important letter **by mistake**.	私は大切な手紙を間違って捨ててしまった。
You can have a good lunch there for **less than** 1,000 yen.	そこでは1,000円しないでおいしいランチが食べられる。
Thank you for the advice. I'll **keep** it **in mind**.	アドバイスをありがとう。それを心にとどめておくよ。

LEVEL 1
LEVEL 2
LEVEL 3
LEVEL 4
会話表現

2
8
0
▼
2
8
6

287 ☑ protect ... from ～ ～から…を守る

- from のあとに ～ing 形(動名詞)が続くと「～することから(…を守る)」。
- from の代わりに against も使われる。

288 ☑ continue to ～ ～し続ける

- continue は to ～(不定詞)のほかに ～ing 形(動名詞)を続けても同じ意味を表せる。

289 ☑ suffer from ～ ～で苦しむ, (病気)をわずらう

- **suffer from** serious disease 「重い病気をわずらう」
- from を伴わない suffer ～ は「～(苦痛・被害など)で苦しむ, を受ける」。**suffer** pain [damage] 「苦痛に苦しむ[損害を受ける]」

290 ☑ up to ～ ～まで

- 前置詞 to のあとには, 時や場所, 程度, 数値を含む語句がくる。**up to** now 「今まで」, **up to** five people 「5 人まで」
- 「～(人)次第で」の意味もある。It's **up to** you. 「それはあなた次第だ」

291 ☑ go around ～ ～を回る

- 「～のまわりを回る」「～を 1 周する」「～を巡る」ということ。The moon **goes around** the earth. 「月は地球のまわりを回る」

292 ☑ learn to ～ ～できる[する]ようになる

- learn に ～ing 形(動名詞)を続けないことに注意。
- 「～の仕方を覚える[習う]」は learn how to ～ で表せる。(→ how to ～ (201))
- learn about ～ (204)

293 ☑ in addition その上

- 直前に述べた内容に情報を追加するときの表現。文頭や文中で使うことが多い。
- in addition to ～「～に加えて」(387)

LEVEL 1 LEVEL 2 LEVEL 3 GOAL
0 100 200 400 500

You should wear a hat to **protect** yourself **from** the strong sun.

強い日差しから自身を守るのに帽子をかぶったほうがいいですよ。

I **will continue to** study English hard in high school.

私は高校でも英語を一生懸命勉強し続けます。

Many people in that country **suffer from** air pollution.

その国の多くの人が大気汚染で苦しんでいる。

Snow fell **up to** the level of the roof in just a few days.

雪はほんの数日で屋根の高さまで降った。

He **went around** the world by bike.

彼は自転車で世界 1 周をした。

287 ▼ 293

I **learned to** play the guitar when I was little.

私は小さいころにギターを弾けるようになった。

He speaks three languages. **In addition**, he plans to study another foreign language.

彼は 3 か国語を話す。その上，別の外国語も勉強するつもりだ。

93

294 *be* responsible for ～　　　　～の責任がある

- feel responsible for ～「～の責任を感じる」
- have [take] responsibility for ～「～の責任を負う [とる]」

295 get angry　　　　腹を立てる，怒る

- 腹を立てる対象を，with [at] ～「～（人）に」，at [about] ～「～（ものごと）に」で表せる。
- 「腹を立てている」は be angry。

296 *be* ready to ～　　　　～する用意 [準備] ができている

- 「喜んで～する」の意味もある。*be* ready to help us「喜んで私たちを手伝ってくれる」
- get ready to ～ は「～する用意 [準備] をする」。　• be ready for ～（178）

297 find out ～　　　　～を見いだす，～だとわかる

- 情報を得たり事実を知ったりすること。
- 〈～〉には名詞のほかに，〈(that) ＋主語＋動詞～〉や疑問詞で始まる語句もくる。

298 instead of ～　　　　～の代わりに，～ではなくて

- of のあとには（代）名詞，～ing 形（動名詞）のほかにさまざまな語句がくる。

299 have been to ～　　　　～に行ったことがある

- 現在完了の〈経験〉用法。
- 〈完了〉用法の「～に行ってきたところだ」も表せる。have just **been to** the library「ちょうど図書館に行ってきたところだ」
- have gone to ～ は「～に行ってしまった（ので，今ここにはいない）」。He has gone to Tokyo.「彼は東京に行っている」

300 have a party　　　　パーティーを開く

- 動詞は have のほかに throw, give, hold も用いられる。
- party にはさまざまな修飾語を伴うことがある。have a small birthday **party**「ささやかな誕生日パーティーを開く」

Remember that you **are responsible for** your health.	あなたは自分の健康に責任があることを忘れないでください。
We didn't know why she **got** so **angry**.	私たちはなぜ彼女がそんなに怒ったのかわからなかった。
We **are ready to** accept our new members.	私たちは新しいメンバーを受け入れる準備ができている。
I **found out** that he was not there, so I called him.	私は彼がそこにいないことがわかり，彼に電話した。
More and more people are using their own shopping bags **instead of** plastic bags.	レジ袋の代わりに自分の買い物袋を使う人がますます増えている。
She **has** never **been to** Tokyo.	彼女は1度も東京に行ったことがない。
We **had a party** to welcome the students from abroad.	私たちは海外からの学生たちを歓迎するパーティーを開いた。

301 ☑ say to *one*self　　　心の中で思う

- 思った内容（" "）をこの表現のあとに続ける，または先に述べてこの表現を続ける。
- 「自分に言い聞かせる」の意味でも用いられる。
- talk to *one*self は「ひとり言をいう」という意味。

302 ☑ *be* moved (by 〜)　　　（〜に）感動する

- 動詞 move …「…を感動させる」の〈…〉を主語にした受け身形。
- *be* impressed with 〜（264）

303 ☑ break down　　　故障する

- 機械や車などが故障するという意味。
- ものが化学的に「分解される」の意味もある。Plastics take a long time to **break down**.「プラスチックは分解されるのに時間がかかる」

304 ☑ come around　　　ちょっと訪れる，立ち寄る

= come over

305 ☑ enough … to 〜　　　〜するのに十分な…

- この enough は形容詞で，〈enough ＋名詞〉を不定詞 to 〜 が後ろから修飾する形。

306 ☑ … enough to 〜　　　〜するほど（十分）…

- この enough は副詞で，〈enough ＋不定詞〉が〈…（形容詞[副詞]）〉を後ろから修飾する形。
- *be* kind enough to 〜 は「親切にも〜してくれる」。She **was kind enough to show** me around.「彼女は親切にも私を案内してくれた」

307 ☑ *be* close to 〜　　　〜に近い

- この close [klóus] は形容詞「近い」。
- 〈…（名詞）＋ close to 〜〉で「〜に近い…」。a table **close to** the door「ドアに近いテーブル」
- close to 〜 は副詞の働きで「〜の近くに」も表す。

"Something's wrong," he **said to himself**.	「何かがおかしい」と彼は心の中で思った。
I was moved by their performance.	私は彼らの演奏に感動した。
Our car **broke down** on the way to my hometown.	わが家の車は故郷への道中で故障した。
Can you **come around** to my house this weekend?	今週末，私の家に立ち寄ることはできますか。
I didn't have **enough** money **to** buy all those books.	私はそれらの本全部を買うのに十分なお金を持っていなかった。
I'm old **enough to** know the difference between right and wrong.	私は善悪の区別がつくのに十分な年齢だ。
I found out that his house **is** very **close to** mine.	私は彼の家が私の家ととても近いことがわかった。

LEVEL 1
LEVEL 2
LEVEL 3
LEVEL 4
会話表現

3 0 1
▼
3 0 7

³⁰⁸☑ **in the end**　　　　　　　結局，最後には

- いろいろと考慮した末に，または一連の出来事の末にということ。
- 順序を表す「最後に」の意味では用いない。

³⁰⁹☑ **one 〜, the other ...**　　 1つ[1人]は〜，もう1つ[1人]は…

- 2者を対比して示す表現。
- 3者以上のときは，one 〜, the <u>others</u> ...「1つ[1人]は〜，<u>そのほかは</u>…」で表す。

³¹⁰☑ **make a difference**　　　違いが生じる，重要である

- make no difference なら「重要ではない」。

³¹¹☑ **no longer 〜**　　　　　　もはや〜ない

- not 〜 any longer でも表せる。She **was not** angry with us **any longer**.「彼女は もう私たちに 怒っていなかった」

³¹²☑ **all the time**　　　　　　常に，いつも

- 頻繁に繰り返される様子を表す。

³¹³☑ **get together**　　　　　　集まる

- get together with 〜 は「〜と会う[集まる]」。

³¹⁴☑ **no one**　　　　　　　　だれも〜ない

= nobody　● 否定語 no が含まれているので，そのあとに not などを使わないよう注意。
- 動詞は単数形で受ける。

³¹⁵☑ **succeed in 〜**　　　　　〜に成功する

- in のあとには 〜ing 形(動名詞)が続くことが多い。
- 日常的には manage to 〜「どうにか〜する」(455)がよく使われる。

I wanted those clothes at first, but <u>in the end</u> I didn't buy them.	私は最初はその服が欲しかったが，結局はそれを買わなかった。
I have two foreign friends. <u>One</u> lives in America and <u>the other</u> in Canada.	私には外国人の友人が2人いる。1人はアメリカに，もう1人はカナダに住んでいる。
Small changes <u>made a</u> big <u>difference</u> in the end.	小さな変化が最後には大きな違いを生んだ。
She was <u>no longer</u> angry with us.	彼女はもう私たちに怒っていなかった。
We can't depend on him <u>all the time</u>.	私たちはいつも彼に頼るわけにはいかない。
My mother <u>gets together</u> with her friends once a year.	母は年に1度友人たちと集まっている。
When I arrived at school earlier than usual, <u>no one was</u> in the classroom.	私がいつもより早めに学校に着いたとき，教室にはだれもいなかった。
They <u>succeeded in</u> reaching the top of that mountain.	彼らはその山の山頂に到達することに成功した。

316 ☑ *be* surprised at [by] 〜 　〜に驚く

• *be* surprised to 〜 「〜して驚く」，*be* surprised (that) 〜 「〜ということに驚く」

317 ☑ remind 〜 of ... 　〜に…を思い出させる

• 主語には，〈(〜(人))〉に思い出させるもの・こと・人などがくる。
• remind 〜 that ... 「〜に…ということを思い出させる」

318 ☑ feel like 〜ing 　〜したい気がする

• 〈feel like ＋名詞〉でも「〜したい[食べたい，飲みたい]気分だ」を表せる。**feel like** a cup of coffee 「コーヒーを飲みたい気分だ」

319 ☑ not always 〜 　いつも[必ずしも]〜とは限らない

• 〈否定語 not ＋ always 〜〉の語順で，always 以降の内容の一部を否定する表現(部分否定)。
• not all 〜 ... 「すべての〜が…とは限らない」(416)

320 ☑ a bottle of 〜 　1 びんの〜

• びんやボトル1本の量の〜，ということ。複数本のときは two <u>bottles</u> of 〜 「2 本の〜」のように表す。　• a glass of 〜 (57)

321 ☑ carry out 〜 　〜を実施する[行う]

• **carry out** a research [survey] 「研究[調査]を実施する」

322 ☑ come across 〜 　(偶然)〜に出くわす，〜を見つける

• **come across** him at a bookstore 「書店で彼に出くわす」

323 ☑ too ... to 〜 　…すぎて〜できない

• 〈too ＋形容詞[副詞]＋不定詞〉の表現。　• to 〜 の動作をする人は too ... <u>for</u> — to 〜 で表す。
The shoes were **too** small <u>for</u> me **to** wear. 「その靴は小さすぎて私ははけなかった」
• so 〜 that ... (219)

LEVEL 1 LEVEL 2 LEVEL 3 GOAL

0   100   200   400   500

She **was** **surprised** **at** the high price.	彼女は値段の高さに驚いた。
Your story **reminds** me **of** the importance of family.	あなたの話は私に家族の大切さを思い出させてくれます。
It's a nice day and I **feel** **like** **going** for a walk.	天気もいいし，散歩に行きたい気分だ。
Information on the Internet **is** **not** **always** true.	インターネットの情報がいつも真実だとは限らない。
I bought **two** **bottles** **of** water on my way home.	私は帰宅途中で水を2本買った。
They need to **carry** **out** the plan as soon as they can.	彼らはできるだけ早くその計画を実施する必要がある。
When I surfed the Internet, I **came** **across** an interesting website.	ネットサーフィンをしていたら，興味深いサイトに出くわした。
In those days, I **was** **too** shy **to** speak well with people.	その当時，私はとても恥ずかしがりやで人とうまく話せなかった。

LEVEL 1 LEVEL 2 LEVEL 3 LEVEL 4 会話表現

STEP 35 (p.86)

☑ 〜に感銘を受ける［感動する］	**be** impressed **with** 〜
☑ 〜から遠い	**far from** 〜
☑ 〜にほほえみかける	**smile at** 〜
☑ 〜しに行く	**go** 〜**ing**
☑ 〜するとすぐに	**as soon as** 〜
☑ まさに〜のようで，〜と同様に	**just like** 〜
☑ 今回は，今度（こそ）は	**this time**
☑ 〜を…に返す	**return** 〜 **to ...**

STEP 36 (p.88)

☑ 計画を立てる	**make a plan**
☑ 〜の準備をする，〜に備える	**prepare for** 〜
☑ 何百もの〜，多数の〜	**hundreds of** 〜
☑ しばらくの間	**for a while**
☑ 〜したいと思う	**wish to** 〜
☑ 〜を切り取る	**cut off**
☑ 合計で	**in total**
☑ いつでも	**at any time**

STEP 37 (p.90)

☑ ますます多くの〜	**more and more** 〜
☑ 他方では	**on the other hand**
☑ 何千もの〜，無数の〜	**thousands of** 〜
☑ 〜の直後に	**soon after** 〜
☑ 誤って，間違って	**by mistake**
☑ 〜より少なく	**less than** 〜
☑ 〜を心にとどめておく	**keep** 〜 **in mind**

STEP 38 (p.92)

☑ 〜から…を守る	**protect ... from** 〜
☑ 〜し続ける	**continue to** 〜
☑ 〜で苦しむ，（病気）をわずらう	**suffer from** 〜
☑ 〜まで	**up to** 〜
☑ 〜を回る	**go around** 〜
☑ 〜できる［する］ようになる	**learn to** 〜
☑ その上	**in addition**

STEP 39 (p.94)

☑ ～の責任がある	**be** responsible for ～
☑ 腹を立てる，怒る	get angry
☑ ～する用意[準備]ができている	**be** ready to ～
☑ ～を見いだす，～だとわかる	find out ～
☑ ～の代わりに，～ではなくて	instead of ～
☑ ～に行ったことがある	have been to ～
☑ パーティーを開く	have a party

STEP 40 (p.96)

☑ 心の中で思う	say to *one*self
☑ （～に）感動する	**be** moved (by ～)
☑ 故障する	break down
☑ ちょっと訪れる，立ち寄る	come around
☑ ～するのに十分な…	enough ... to ～
☑ ～するほど（十分）…	... enough to ～
☑ ～に近い	**be** close to ～

STEP 41 (p.98)

☑ 結局，最後には	in the end
☑ 1つ[1人]は～，もう1つ[1人]は…	one ～, the other ...
☑ 違いが生じる，重要である	make a difference
☑ もはや～ない	no longer ～
☑ 常に，いつも	all the time
☑ 集まる	get together
☑ だれも～ない	no one
☑ ～に成功する	succeed in ～

STEP 42 (p.100)

☑ ～に驚く	**be** surprised at [by] ～
☑ ～に…を思い出させる	remind ～ of ...
☑ ～したい気がする	feel like ～ing
☑ いつも[必ずしも]～とは限らない	not always ～
☑ 1びんの～	a bottle of ～
☑ ～を実施する[行う]	carry out ～
☑ （偶然）～に出くわす，～を見つける	come across ～
☑ …すぎて～できない	too ... to ～

324 search for 〜 〜をさがし求める

- search ... for 〜 は「〜を求めて…(場所)をさがす」。**search** the Internet **for** information「情報を求めてインターネットを検索する」

325 *be* invited to 〜 〜に招待される

- invite ... to 〜「〜に…を招待する」の〈...〉を主語にした受け身形。招待をする側を by−で示す場合もある。

326 move around (〜) (〜を)動き回る

- go around 〜(291)と同様の意味でも使われる。

327 〜 than any other ... ほかのどの…よりも〜

- 比較級を用いて,最上級の意味を表す表現。
- 〈〜〉には比較級がくる。〈...〉にはふつう単数の名詞がくる。

328 even if 〜 たとえ〜でも

- if 〜 を even で強めて,「仮に」と実現性のより低い状況を述べる表現。
- even though 〜「〜ではあるけれども」(404)

329 cut down 〜 〜を切り倒す

- **cut down** a forest「森林を伐採する」
- 「〜を減らす,削減する」の意味もある。

330 *be* related to 〜 〜と関係がある

- related は「関係[関連]のある」という意味の形容詞。 • 〈名詞 + related to 〜〉「〜と関係のある(名詞)」の使い方もある。 problems **related to** health「健康に関連する問題」

331 go away 立ち去る

- 「(問題・痛みなどが)なくなる,消える」の意味もある。bad things **go away**「いやなことがなくなる」

I **searched for** ticket information on the Internet.	私はインターネットでチケットの情報を<u>検索した</u>。
I **was invited to** dinner by my friend's family.	私は友人の家族から夕食に<u>招待された</u>。
The children were **moving around** the bus.	子どもたちがバスの中を<u>動き回っていた</u>。
I study English harder **than any other** subject.	私は英語を<u>ほかのどの</u>教科<u>よりも</u>一生懸命勉強している。
Even if no one believes your story, I do.	<u>たとえ</u>だれもあなたの話を信じなく<u>ても</u>，私は信じています。
Most of the trees in that forest were **cut down**.	その森のほとんどの木が<u>切り倒された</u>。
Ocean pollution **is related to** plastic waste.	海洋汚染はプラスチック廃棄物と<u>関係がある</u>。
He **went away** without saying a word.	彼は何も言わずに<u>立ち去った</u>。

332 ☑ **look up**   見上げる

- look up at ～「～を見上げる」 ● 「(言葉など)を調べる」の意味もある。**look up** an English word in the dictionary「辞書で英単語を調べる」

333 ☑ **get along**   うまく[仲よく]やっていく

- get along with ～「～とうまくやっていく」
- get along well と, well で強調することもある。

334 ☑ **get back**   戻る

- get back to [from] ～「～に[から]戻る」 ● get back ～ [get ～ back] は, 失った[貸した]ものなど「を取り戻す」。**get back** a lost wallet「なくした財布を取り戻す」

335 ☑ **make an effort**   努力する

- make efforts とすることもある。
- make a great [a lot of] effort to ～「～しようと大いに努力する」

336 ☑ **pay attention to ～**   ～に注意を払う

- pay no [little] attention to ～「～にまったく[ほとんど]注意を払わない」

337 ☑ **refer to ～**   ～のことを表す[さす]

- 「～を参照する」の意味もある。**refer to** one's notes「メモを参照する」

338 ☑ **keep ～ away**   ～を遠ざけておく

- from ... 「…から」を続けることもある。

339 ☑ **have an effect on ～**   ～に効果[影響]がある

- effect には good「よい」, bad「悪い」, big「大きな」などさまざまな修飾語がつく。

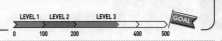
I sat down and **looked up** at the tower.	私は座ってその塔を見上げた。
Her e-mail said that she **was getting along with** everyone.	彼女のEメールには，彼女はみんなと仲よくやっていると書いてあった。
Let's get together again when he **gets back from** his trip.	彼が旅行から戻ったら，また集まりましょう。
If we keep **making efforts**, we will succeed in achieving our goal.	私たちは努力し続ければ，目標を達成できるだろう。
I think you should **pay** more **attention to** your health.	あなたはもっと健康に注意を払ったほうがいいと思います。
The numbers **refer to** the number of members in each club.	その数字は各クラブの部員数を表している。
I decided to **keep** sweet things **away from** me for a while.	私はしばらくの間，自分から甘いものを遠ざけておくことにした。
The teacher's words **had a good effect on** her performance.	先生の言葉は彼女の演奏によい影響を与えた。

LEVEL 1

LEVEL 2

LEVEL 3

LEVEL 4

会話表現

332
▼
339

107

340 ☑ come up with 〜　　〜を思いつく

- **come up with** a plan [solution] 「計画[解決策]を思いつく」
- think of 〜（169）も同じ意味で使われる。

341 ☑ in danger of 〜　　〜の危険[恐れ]があって

- **be** in danger of extinction 「絶滅[消滅]の恐れがある」

342 ☑ some more　　もう少し

- 前に述べたものを受けて「もう少し」と表したり，副詞の働きで「もう少し」と表したりする。practice **some more** 「もう少し練習する」
- **some more** cookies と名詞を修飾する働きもある。

343 ☑ the key to 〜　　〜の手がかり[かぎ]

- この (the) key は「手がかり，ひけつ，かぎ」。to は前置詞で，あとには名詞や 〜ing 形（動名詞）を続ける。
- **key to** the door 「ドアのかぎ」の使い方もある。

344 ☑ at least　　少なくとも，せめて

- 数量の最低限についてや，最低限の行動について述べるときの表現。for **at least** six hours 「少なくとも6時間は」

345 ☑ grow up　　大人になる，成長する，育つ

- grow 「成長する，育つ」に up がつくことで，大人になる意味合いを持つ。
- **grow up** to be a teacher 「成長して教師になる」

346 ☑ keep in touch (with 〜)　　(〜と)連絡をとり続ける

= stay in touch (with 〜)，keep in contact (with 〜)
- get in touch (with 〜)「(〜と)連絡をとる」

He **came up with** a new idea for the event.	彼はそのイベントの新しいアイディアを思いついた。
They **were in danger of** losing their jobs.	彼らは職を失う恐れがあった。
We still have a lot of cookies. Would you like **some more**?	クッキーはまだたくさんありますよ。もう少しいかがですか。
Making a plan is **the key to** success.	計画を立てることは成功へのかぎだ。
I hope you will **at least** keep this in mind.	あなたに少なくともこのことは心にとどめておいてほしいのですが。
She **grew up** in a small town and left home when she was 22.	彼女は小さな町で育ち、22歳のときに家を出た。
We have **kept in touch with** each other since then.	私たちはそれ以来、互いに連絡をとり続けている。

347 ☑ **get married** 結婚する

- 「結婚している」は be married。
- 結婚の相手は to ～「～と」で表す。get [be] married to ～「～と結婚する[している]」

348 ☑ **look down** 見下ろす

- look down at [on] ～「～を見下ろす」
- look down into ～「～をのぞき込む」 • look up (332)

349 ☑ **the other day** 先日

- 副詞の働きをして,漠然とした近い過去の時を表す。

350 ☑ **leave for ～** ～に向けて出発する

- leave for work「仕事に出かける」 • leave ... for ～「～に向けて…を出発する」 leave the hotel **for** the airport「空港に向けてホテルを出発する」

351 ☑ **look into ～** ～をのぞき込む

- **look into** one's eyes「～の目をのぞき込む」

352 ☑ **take away ～** ～を運び去る,片付ける

- take ～ away from ... で「～を…から取り上げる[奪う]」の意味もある。take too much time **away from** me「あまりに多くの時間を私から奪う」

353 ☑ **for oneself** 自分のために

- 自分のためにという意味合いの「自分で,独力で」の使い方もある。decide it **for myself**「自分でそれを決める」 • by oneself「1人で,独力で」(237)と区別する。

354 ☑ **take a rest** 一休みする,休憩をとる

- 同様の表現 take a break (197)は,何かの合間に短く休むことを,take a rest は睡眠をとることなども含め,体を休めることを表す。

Some people are not interested in **getting** **married**.	結婚することに関心のない人もいる。
We **looked** **down** at the beautiful view from the mountain.	私たちは山から美しい景色を見下ろした。
I had the chance to take part in a workshop **the** **other** **day**.	私は先日ある研修会に参加する機会があった。
We got into a taxi and **left** **for** the airport.	私たちはタクシーに乗り込んで空港へと出発した。
She **looked** **into** the fridge and thought about what to buy.	彼女は冷蔵庫をのぞき込んで何を買おうか考えた。
When we finished cleaning the classroom, I asked him to **take** **away** the trash.	私たちが教室の掃除を終えると，私は彼にごみを片付けるようお願いした。
I bought some souvenirs **for** **myself**.	私は自分用にいくつか土産物を買った。
I was so tired that I **took** **a** **rest**.	私はとても疲れたので一休みした。

355 ☑ It is said (that) 〜.　　　〜と言われている。

= They [People] say (that) 〜.　● 見たり聞いたり読んだりした情報を，情報源を示さずに伝える表現。この it は仮の主語(形式主語)で，真の主語は (that) 〜「〜ということ」。
● It says (that) 〜. (263)

356 ☑ in need　　　困っている

● 必要な食料やお金，支援などがなくて困っている状況をさす。
● in need of 〜「〜を必要として」　● be in trouble (150)

357 ☑ as a result　　　その結果

● as a result of 〜「〜の結果」

358 ☑ as usual　　　いつものとおりに

● than usual は「いつもより」。

359 ☑ *be* sorry to 〜　　　〜して気の毒に[すまなく]思う

● 不定詞 to 〜は〈原因〉を表している。
● feel sorry for 〜 (74)

360 ☑ by hand　　　手で

● 機械製ではなく人の手によって，ということ。hand に冠詞 a や the をつけたり，hands と複数形にしたりしないことに注意。

361 ☑ for a minute　　　少しの間

= for a moment　● この minute は「少しの間」の意味。ふつう a minute で使われる。
● for a while (275)

362 ☑ have no idea　　　まったくわからない

● この表現のあとに，of [about] 〜「〜について」，that 〜「〜ということが」，疑問詞で始まる語句などがよく続く。

It is said that Japan is one of the safest countries in the world.	日本は世界中で最も安全な国の1つだと言われている。
When he comes across foreign tourists **in need**, he tries to speak to them.	彼は困っている外国人観光客に出くわすと，彼らに声をかけるようにしている。
He worked late every night. **As a result**, he got sick.	彼は毎晩遅くまで働いた。その結果，彼は体調をくずした。
I searched for train times on the Internet **as usual**.	私はいつものとおりインターネットで電車の時間を検索した。
I**'m sorry to** hear that he had an accident.	彼が事故にあったと聞いて気の毒に思います。
It says this sweater **should** be washed **by hand**.	このセーターは手で洗うようそれには書いてある。
She didn't know what to say and thought **for a minute**.	彼女は何と言ってよいのかわからず，少しの間考えた。
I **have no idea** how to use this tool.	私はこの道具の使い方がまったくわからない。

363 ☑ do ～ with ...

…をどう処理するのか

● 〈～〉に what「どう，どのように」を用いた疑問文（または否定文）で用いる表現。

364 ☑ one by one

1つ[1人]ずつ

● 副詞の働きをする。

365 ☑ for free

無料で

● 副詞 free の1語でも，また free of charge という表現でも表せる。

366 ☑ have ～ in common

共通の～を持つ

● 「共通点がある」の意味でも使う。〈～〉には something「何か」，a lot「たくさんのこと」，nothing「何もない」などがくる。　● with ...「…と」を続けることも多い。

367 ☑ once a week

週に1度

● この a は「～につき」を表す。
● once a month [year]「月[年]に1度」

368 ☑ concentrate on ～

～に集中する

= focus on ～「～に焦点をあてる，～に重点を置く」(445)

369 ☑ all (the) year round

1年中

= all (the) year around

370 ☑ go out of ～

～から出る

⇔ go into ～「～に入る」(444)

What should I <u>do with</u> these old games?	私はこれらの古いゲームを<u>どうしたら</u>よいのだろうか。
The students discussed several problems <u>one by one</u>.	生徒たちはいくつかの問題を1つずつ話し合った。
You can enter the museum <u>for free</u> on that day.	その日は博物館に無料で入ることができる。
The two countries <u>have</u> a lot <u>in common</u>.	その2つの国には共通点がたくさんある。
He keeps in touch with his brother who lives abroad <u>once a week</u>.	彼は海外に住んでいる兄と週に1度連絡をとっている。
He went to the library to <u>concentrate on</u> reading.	彼は読書に集中するため図書館に行った。
That area has a lot of rain <u>all year round</u>.	その地域は1年中雨が多い。
She <u>went out of</u> the crowded room.	彼女は混みあった部屋から出た。

LEVEL 1
LEVEL 2
LEVEL 3
LEVEL 4
会話表現

363
▼
370

---

371 ☑ **How far ~?** どのくらい(離れて)~か。

- 距離がどれだけ離れているかを問う表現。How far is it (from ...) to ~?「(…から) ~まで どれくらい(離れている)か」
- How often ~?「何回~か」, How long ~?「どれくらい(長く)~か」(C20)

---

372 ☑ ***be* similar to ~** ~と似ている

- look similar to ~「~と似ているように見える[思える]」

---

373 ☑ **at the age of ~** ~歳のときに

= at age ~ ● 接続詞 when を使い, when he was forty「彼が 40 歳のときに」とも表せる。

---

374 ☑ **little by little** 少しずつ, 徐々に

- step by step「一歩一歩」 ● one by one (364)

---

375 ☑ **die of [from] ~** ~で死ぬ

- of や from のあとには死亡の原因がくる。 ● 事故などによる死亡は die in the accident で, 戦争などによる死亡は *be* killed in the war のように表す。

---

376 ☑ **in my opinion** 私の意見では

- (C73) ● 自分の意見について according to ~ (216)は用いないことに注意。

---

377 ☑ **stay up** 夜ふかしする

- stay up late「夜遅くまで起きている」

---

378 ☑ **― times as ... as ~** ~の―倍…

- 比較の表現 as ... as ~ の前に,「―倍」にあたる― times を置いて倍数を表す。
- 「2 倍」はふつう twice を使う。(→ twice as ... as ~ (448))

How far is it from here to the station?	ここから駅までどのくらい離れていますか。
His idea was very similar to mine.	彼のアイディアは私のとよく似ていた。
He got married at the age of forty.	彼は40歳のときに結婚した。
She is getting better little by little after leaving the hospital.	彼女は退院後少しずつよくなっている。
My grandmother died of cancer ten years ago.	祖母は10年前にがんで亡くなった。
In my opinion, his speech was better than any other speech in the class.	私の意見では，彼のスピーチはクラスのほかのどのスピーチよりもよかった。
I like to stay up late and watch foreign dramas on weekends.	私は週末は夜ふかしをして海外ドラマを見るのが好きだ。
The population of my town is three times as large as that of his town.	私の町の人口は彼の町の人口の3倍多い。

371
▽
378

379 ☑ make a promise

約束する

- make a promise to ~ は、to の働きによって「~と(人)と約束する」(前置詞)、「~する約束をする」(不定詞)の意味となる。**make a promise to** my parents「両親と約束する」

380 ☑ laugh at ~

~を笑う

- 声をあげて笑うこと。smile at ~ (266)と区別する。
- ばかにして「~を(あざ)笑う」としても使われる。

381 ☑ spend ... on ~

…を~に費やす[使う]

- 〈...〉にはお金や時間の語句がくる。**spend** a lot of money **on** clothes「たくさんのお金を衣服に使う」
- spend ... ~ing は「…(時間)を~するのに費やす」。

382 ☑ ask ... for ~

…に~を求める

- ask for ~ (171), ask ... to ~ (215)

383 ☑ it is time to ~

~する時だ

- to ~は不定詞で、その動作をする人「…が(~する)」を表す場合は for ... to ~ とする。**It's about time** for us to leave.「私たちはそろそろ出発する時間だ」

384 ☑ *be* familiar to ~

~によく知られている

- 前置詞 to のあとには〈人〉がくる。「~になじみがある」の意味にもなる。
- *be* familiar with ~ は「(人が) ~に精通している、~をよく知っている」。

385 ☑ go well

うまくいく

= go fine
- 〈go + 副詞〉の表現。この go は「進展する」などの意味。go wrong「うまくいかない」

We **made a promise** to keep in touch with each other.	私たちは互いに連絡をとり続ける<u>約束をした</u>。
Everyone **laughed at** his jokes.	みんなが彼の冗談を<u>笑った</u>。
He **spends** too much time **on** his smartphone.	彼はスマートフォンに時間を<u>使い</u>すぎる。
He sometimes **asks** me **for** advice.	彼はときどき私に<u>助言を求める</u>。
It's about **time to** get ready for dinner.	<u>そろそろ</u>夕食の支度をする<u>時間だ</u>。
The anime **is familiar to** people in foreign countries.	そのアニメは外国の人たちに<u>よく知られている</u>。
My first presentation **went well**.	私の初めてのプレゼンテーションは<u>うまくいった</u>。

386 ☑ **make a decision** 　決定[決心]する

- 「～に関する（決定）」は about [on] ～ を、「～する（決定）」は不定詞の to ～ を続ける。

387 ☑ **in addition to ～** 　～に加えて

- 前置詞 to のあとは、名詞や ～ing 形（動名詞）が続く。
- in addition（293）

388 ☑ **begin with ～** 　～から始まる

= start with ～ ● 「～から」にひきずられて from を使わないよう注意。
- 「～時から始まる」は begin at ～。Tomorrow's practice **will begin at 4 p.m.** 「明日の練習は午後 4 時から始まる」

389 ☑ **seem to ～** 　～(のよう)に思われる、～らしい

- 不定詞 to のあとには、think, know, like など状態を表す動詞や、be 動詞の原形 be がくる。**seem to be** an actor「俳優であるらしい」
- seem (to be) happy のように、to be を省略できる場合もある。

390 ☑ **name ～ after …** 　～に…の名前をとって名付ける

- 〈～〉を主語にした受け身形 ～ is named after … は「～は…の名前をとって名付けられる、～は…から名前をもらう」。
- name ～ … は「～に…と名付ける」。

391 ☑ **go to sleep** 　眠る、寝入る

- 眠りにつくことを表す。go to bed (2)はベッドや床に入ることを表す。

392 ☑ **some ～, others …** 　～のもの[人]もあれば[いれば]、…のもの[人]もある[いる]

- some も others もある集団の一部をさす。the others とすると、集団で some 以外の残りのものや人すべてをさす。

I have to <u>make</u> <u>a</u> <u>decision</u> about my future career some day.	私はいつかは将来の職業について<u>決心</u>しなければならない。
<u>In</u> <u>addition</u> <u>to</u> the piano, she plays the guitar well.	ピアノ<u>に加えて</u>，彼女はギターも上手に弾く。
The party <u>began</u> <u>with</u> her speech.	パーティーは彼女のスピーチ<u>から始まった</u>。
He doesn't <u>seem</u> <u>to</u> remember that.	彼はそのことを覚えていない<u>らしい</u>。
I <u>named</u> my dog <u>after</u> my favorite singer.	私は自分のイヌに大好きな歌手の<u>名前をとって名付け</u>た。
I usually read in bed before I <u>go</u> <u>to</u> <u>sleep</u>.	私は<u>眠る</u>前にたいていベッドで本を読む。
<u>Some</u> came here by bus, and <u>others</u> by train.	ここにバスで来る<u>人もいれ</u>ば，電車で来る<u>人もいた</u>。

386 ▼ 392

393
☑ **point to ～**　　　　　　　　　　～を指さす

● 前置詞は to のほかに at や toward も使われる。

394
☑ **slow down**　　　　　　　　　　速度を落とす

⇔ speed up「加速する」
●「(人が)のんびりする」の意味でも使われる。

395
☑ **pass down ～**　　　　　　　　(次世代に)～を伝える

● 〈～〉を主語にした受け身形，～ is passed down「～が伝えられる」の形でよく使われる。
● from [to] ...「…から[に]」を続ける場合もある。

396
☑ **the same as ～**　　　　　　　～と同じ

● the same ... as ～「～と同じ(ような)…」の用法もある。**the same** opinion **as** mine「私のと同じ(ような)意見」

397
☑ **in the last ～ years**　　　ここ～年の間に

● in の代わりに over や，last の代わりに past も使われるなど，表現に幅がある。

398
☑ **on business**　　　　　　　　　仕事で，商用で

● business に冠詞 a や the をつけないことに注意。
●「遊びで，娯楽で」は for pleasure。

399
☑ **at work**　　　　　　　　　　　職場で，仕事中で

● 冠詞をつけない work は，「仕事」のほかに「職場，勤め先」の意味もある。go to work「出勤する」

400
☑ **not really ～**　　　　　　　　あまり～ではない

● not など否定語のあとに really を用いて，「～ではない」と断定せずにやわらげる表現。
● 相手の質問に対する Not really.「いや，それほどでもない」は，No. をやわらげる返答となる。

He **pointed to** an empty table by the window.	彼は窓際の空いているテーブルを指さした。
The bus **slowed down** and moved slowly.	バスは速度を落としてゆっくりと進んだ。
He wishes to **pass down** the traditional dances **to** the younger generation.	彼は伝統舞踊を若い世代に伝えていきたいと思っている。
His opinion is almost **the same as** mine.	彼の意見は私のとほとんど同じだ。
More and more people have become interested in saving energy **in the last** several **years**.	ここ数年の間にますます多くの人が省エネに関心を持つようになった。
My mother often goes to America **on business**.	母は仕事でたびたびアメリカに行く。
My father needs to use English and Chinese **at work**.	父は職場で英語と中国語を使う必要がある。
I **don't really** know when he will get back.	彼がいつ戻ってくるかあまりよくわかりません。

LEVEL 1
LEVEL 2
LEVEL 3
LEVEL 4
会話表現

393
▼
400

STEP 43 (p.104)

☑ ～をさがし求める	search for ～
☑ ～に招待される	*be* invited to ～
☑ (～を)動き回る	move around (～)
☑ ほかのどの…よりも～	～ than any other ...
☑ たとえ～でも	even if ～
☑ ～を切り倒す	cut down ～
☑ ～と関係がある	*be* related to ～
☑ 立ち去る	go away

STEP 44 (p.106)

☑ 見上げる	look up
☑ うまく[仲よく]やっていく	get along
☑ 戻る	get back
☑ 努力する	make an effort
☑ ～に注意を払う	pay attention to ～
☑ ～のことを表す[さす]	refer to ～
☑ ～を遠ざけておく	keep ～ away
☑ ～に効果[影響]がある	have an effect on ～

STEP 45 (p.108)

☑ ～を思いつく	come up with ～
☑ ～の危険[恐れ]があって	in danger of ～
☑ もう少し	some more
☑ ～の手がかり[かぎ]	the key to ～
☑ 少なくとも，せめて	at least
☑ 大人になる，成長する，育つ	grow up
☑ (～と)連絡をとり続ける	keep in touch (with ～)

STEP 46 (p.110)

☑ 結婚する	get married
☑ 見下ろす	look down
☑ 先日	the other day
☑ ～に向けて出発する	leave for ～
☑ ～をのぞき込む	look into ～
☑ ～を運び去る，片付ける	take away ～
☑ 自分のために	for *one*self
☑ 一休みする，休憩をとる	take a rest

STEP 47 (p.112)

☑ ~と言われている。	It is said (that) ~.
☑ 困っている	in need
☑ その結果	as a result
☑ いつものとおりに	as usual
☑ ~して気の毒に[すまなく]思う	be sorry to ~
☑ 手で	by hand
☑ 少しの間	for a minute
☑ まったくわからない	have no idea

STEP 48 (p.114)

☑ …をどう処理するのか	do ~ with ... ((~)に what を用いた疑問文として)
☑ 1つ[1人]ずつ	one by one
☑ 無料で	for free
☑ 共通の~を持つ	have ~ in common
☑ 週に1度	once a week
☑ ~に集中する	concentrate on ~
☑ 1年中	all (the) year round
☑ ~から出る	go out of ~

STEP 49 (p.116)

☑ どのくらい(離れて)~か。	How far ~?
☑ ~と似ている	be similar to ~
☑ ~歳のときに	at the age of ~
☑ 少しずつ,徐々に	little by little
☑ ~で死ぬ	die of [from] ~
☑ 私の意見では	in my opinion
☑ 夜ふかしする	stay up
☑ ~の一倍…	— times as ... as ~

STEP 50 (p.118)

☑ 約束する	make a promise
☑ ~を笑う	laugh at ~
☑ …を~に費やす[使う]	spend ... on ~
☑ …に~を求める	ask ... for ~
☑ ~する時だ	it is time to ~
☑ ~によく知られている	be familiar to ~
☑ うまくいく	go well

STEP 51 (p.120)

☑ 決定[決心]する	make a decision
☑ ～に加えて	in addition to ～
☑ ～から始まる	begin with ～
☑ ～(のよう)に思われる，～らしい	seem to ～
☑ ～に…の名前をとって名付ける	name ～ after …
☑ 眠る，寝入る	go to sleep
☑ ～のもの[人]もあれば[いれば]， 　…のもの[人]もある[いる]	some ～, others …

STEP 52 (p.122)

☑ ～を指さす	point to ～
☑ 速度を落とす	slow down
☑ (次世代に)～を伝える	pass down ～
☑ ～と同じ	the same as ～
☑ ここ～年の間に	in the last ～ years
☑ 仕事で，商用で	on business
☑ 職場で，仕事中で	at work
☑ あまり～ではない	not really ～

LEVEL

4

私立高校入試レベル

STEP 53〜65 | 100表現（ 401▶500 ）

私立高校入試でよく出題される熟語や，難易度のより高い英熟語です。
私立高校入試の対策では，このLEVEL 4 までマスターしましょう。

関連情報には，英熟語の重要な使い方や表現，私立高校入試を精査した
説明や表現を示しました。

例文は，私立高校入試での出題を意識した内容ですが，例文の文法や
文構造は中学3年生までの内容で構成されています。LEVEL 3 より語数
は多く，また少し難しく見えるかもしれません。すでに学んだ見出し
熟語が繰り返し多く使われているので，復習のつもりで自信をもって
取り組みましょう。

401 □ **in order to ～** ～するために

- 不定詞 to ～「～するために」という〈目的〉をより強意的に表した表現。
- to の前に not を置く in order not to ～ は「～しないように」を表す。**in order not to worry her**「彼女を心配させないように」

402 □ **so that ～** ～するために

- 〈目的〉を表す表現で、〈～〉には〈主語＋(助動詞＋)動詞～〉がくる。
- この表現の前にコンマがつく〈..., so (that) ～〉は「…，その結果[そのため]～」と〈結果〉を述べる表現。

403 □ **neither ～ nor ...** ～も…も(し)ない

- この表現全体が主語のとき、動詞はふつう〈～〉に一致させるが、複数形で受ける場合もある。**Neither** he **nor** I am [are] going there.「彼も私もそこへは行かない」
- both ～ and ... (123)，either ～ or ... (192)

404 □ **even though ～** ～ではあるけれども

- though ～ で述べる事実を、「そうではあるが」と even で強めた表現。
- even if ～ (328)

405 □ **used to ～** よく～したものだ, 以前は～だった

- to のあとは動詞の原形がくる。be used to ～ (231) との使い分けに注意。
- 「今はそうではない」という含みの、過去の習慣や過去の状態を表す。**used to be** a soccer player「以前はサッカー選手だった」

406 □ ***be* allowed to ～** ～することが許可されている

- allow ... to ～「…に～することを許可する」の〈...〉を主語にした受け身形。
- 否定文の be not allowed to ～ は「～することが禁止されている」の意味にもなる。

407 □ **as ～ as possible** できるだけ～

- **as** soon [quickly, often] **as possible**「できるだけ早く[速やかに，頻繁に]」
- as many [much] ... as possible「できるだけ多くの…」(〈...〉には名詞がくる)

They carried out the project **in order to** protect the environment.	彼らは環境を守るためにそのプロジェクトを実施した。
She spoke in a loud voice **so that** everyone **could** hear.	彼女はみんなが聞こえるように大きな声で話した。
Neither he **nor** I have been abroad.	彼も私も海外に行ったことがない。
He wears light clothes, **even though** it is very cold these days.	最近とても寒いけれども、彼は薄着だ。
I **used to** catch colds when I was little.	私は小さいころによくかぜをひいたものだ。
You **are not allowed to** take pictures in the museum.	博物館内で写真を撮ることは禁止されている。
I'm going to read **as** many books **as possible** during the summer vacation.	私は夏休みの間にできるだけ多くの本を読むつもりだ。

408 as if ～
あたかも[まるで]～のように

- ある状況についての話者の想像や想定を述べる表現。
- It seems as if ～. 「まるで～のように思える」

409 come up (to ～)
(～に)近づいてくる

- 特に人が話をする目的でだれかに近づいてくるという含みがある表現。

410 as long as ～
～である限り，～しさえすれば

- 〈～〉には〈主語＋動詞～〉がくる。未来の内容を表していても，will の表現にはせずに現在形を用いることに注意。
- 比較表現の「～と同じくらい長く」の意味にも注意しておく。(as ～ as ... (112))

411 in the middle of ～
～の中ごろ[最中]に

- **in the middle of** the 20th century [the test] 「20 世紀半ばに[テストの最中に]」
- 「(場所)の真ん中に」も表す。**in the middle of** the table 「テーブルの中央に」

412 turn into ～
～に変わる

- turn to ～ で表せる場合もある。
- turn ... into ～ 「…を～に変える」

413 pay for ～
～の代金を支払う

- pay ... for ～ 「～に…(金額)を支払う」 **pay** 10 yen **for** a shopping bag 「買い物袋に 10 円を支払う」

414 Let me ～.
私に～させてください。

- 〈let ＋人＋動詞の原形〉で「(人)に～させる」の表現。 ● **Let me tell** you about ～. 「～についてお話しさせてください」(C 60)，**Let me know.** 「私に知らせてください」

415 go through ～
～を経験する

- 特に困難な状況について述べることが多い。
- 「～を通り抜ける，通過する」の意味もある。**go through** the gate 「門を通過する」

He talks **as if** he knows my secret.	彼は<u>まるで</u>私の秘密を知っ<u>ているかのような</u>口ぶりだ。
A man **came up to** me and asked me for directions.	男性が私に<u>近づいてきて</u>，道をたずねた。
As long as we're here, you don't have to worry about anything.	私たちがここにいる<u>限り</u>，あなたは何も心配する必要はありません。
I woke up many times **in the middle of** the night.	私は<u>真夜中</u>に何度も目が覚めた。
The rain **turned into** snow late at night.	雨は夜遅くに雪に<u>変わった</u>。
If we need plastic bags when we shop, we need to **pay for** them.	買い物のときにレジ袋が必要であれば，それにお金を<u>支払う</u>必要がある。
First, **let me** introduce myself to you all.	まず，みなさんに自己紹介を<u>させてください</u>。
She **went through** a hard time.	彼女はつらい時を<u>経験した</u>。

LEVEL
1

LEVEL
2

LEVEL
3

LEVEL
4

会
話
表
現

408
▼
415

416 not all ～ …
すべての～が…とは限らない

- 〈否定語 not + all〉の語順で，all 以降の内容の一部を否定する表現（部分否定）。
- not always ～ (319)

417 tell a lie
うそをつく

- tell a lie to [about] ～「～に〔～のことで〕うそをつく」
- tell ～ a lie「～にうそをつく」

418 turn off ～
～を切る，消す

- 明かり，テレビなどのスイッチ類を「切る，消す」，水道やガスなどを「止める」という意味。**turn off** one's smartphone「スマートフォン（の電源）を切る」

419 look after ～
～の世話をする

= take care of ～ (121)
- **look after** your bags「あなたのかばんを見ている」
- **look after** oneself「自分のことは自分でする」

420 take over ～
～を引き継ぐ

- 「～を乗っ取る，支配する」の意味もある。**take over** a company「会社を乗っ取る」

421 That's why ～.
だから～。

- 直前に述べたことを理由として，その結果生じたことを述べるときの表現。

422 for sure
確かに，間違いなく

- That's for sure.「確かにそうだ，間違いない」
- not など否定語のあとに for sure を用いると「確実には（～ない）」という意味になる。
  I **don't** know **for sure**.「私にははっきりとはわからない」

Not all students want to go to school.	すべての生徒が学校に行きたいわけではない。
I've never **told a lie** since I entered junior high school.	私は中学に入ってからうそをついたことがない。
I forgot to **turn off** the lights again when I went to sleep.	私は寝るときにまた電気を消すのを忘れてしまった。
The boy is old enough to **look after** his little sister.	その少年は幼い妹の世話をすることのできる年齢だ。
He wants his son to **take over** his restaurant.	彼は息子に自分のレストランを継いでほしいと思っている。
The shop was recently introduced on the Web. **That's why** it's so crowded.	その店は最近ウェブで紹介された。だからこんなに混んでいるんだ。
They'll want to see you **for sure**.	彼らは間違いなくあなたに会いたがるでしょう。

423 □ **believe in ～**　　　　～(の存在・価値)を信じる

- **believe in** life after death「死後の世界を信じる」　● 「～を信頼する」の意味もある。
  believe him は「彼(の言葉)を信じる」，**believe in** him は「彼(の人柄)を信頼する」。

424 □ **at once**　　　　すぐに，直ちに

= right away
- 「同時に，1度に」の意味もある。They began to talk **at once**.「彼らは1度に話し始めた」

425 □ **in the air**　　　　空中に[で]

426 □ **come to ～**　　　　～するようになる

- to ～ は不定詞で，know, think, understand, like など，状態を表す動詞がおもに使われる。
- become ではなく come を使うことに注意。
- 前置詞 to の場合は「～(場所)に来る」。

427 □ **call out**　　　　(大声で)呼びかける，叫ぶ

- call out to ～「～に(大声で)呼びかける」
- 発話の内容(" ")をこの表現のあとに続けたり，先に述べてこの表現を続けたりする。

428 □ **bring back ～**　　　　～を持ち帰る，～を返す

- 「～を思い出させる」の意味もある。**bring back** a dream I once had「私がかつて抱いた夢を思い出させる」

429 □ *be* **about to ～**　　　　まさに～するところだ

- be going to ～(108)よりも近い未来に起こることを表す。

430 □ *be* **based on ～**　　　　～に基づいている

- base ... on ～「…の基礎を～に置く」

I **believe in** the power of music.	私は音楽の力を信じている。
When I heard the woman's voice, I recognized her **at once**.	私はその女性の声を聞いたとき，すぐに彼女だとわかった。
The baby was very happy when her father lifted her **high in the air**.	父親が赤ちゃんを空中高く持ち上げると，赤ちゃんはとても喜んだ。
We **came to** understand each other little by little.	私たちは少しずつお互いを理解できるようになった。
I **called out** to him in the crowd, "Are you OK?"	私は人込みの中で彼に「大丈夫ですか」と呼びかけた。
When you climb a mountain, it is good manners to **bring back** your garbage.	登山をするときは，自分のごみを持ち帰るのがマナーだ。
I **was** just **about to** call you, too.	私もちょうどあなたに電話しようとしていたところでした。
This drama **is based on** a true story.	このドラマは実話を基にしている。

LEVEL 1
LEVEL 2
LEVEL 3
LEVEL 4
会話表現

4 2 3
▼
4 3 0

431
☑ **turn around** | ふり向く，ふり返る

= turn round

432
☑ **turn on ～** | ～をつける

⇔ turn off ～ (418)
• 明かり，テレビなどのスイッチ類を「つける」，水道の水などを「出す」という意味。

433
☑ **care about ～** | ～を気にかける

• 否定文や疑問文で使う場合が多い。
• take care of ～ (121)

434
☑ **due to ～** | ～のために，～が原因で

= because of ～ (109)

435
☑ ***be* worth ～ing** | ～する価値がある

• ～ing 形(動名詞)の目的語が文の主語である表現。The movie **is worth seeing**.「その映画は見る価値がある」(see(ing) の目的語が The movie)
• ～ing 形ではなく名詞を続けると「～の価値がある」。**be worth** the effort「努力に値する」

436
☑ **a pair of ～** | 1対[1組]の～

• 〈～〉には，2つで1組のもの(shoes, gloves「靴，手袋」)や，2つの部分から成るもの (glasses, scissors「めがね，はさみ」)などがくる。
• 複数個の場合は two pairs of ～ などとする。

437
☑ **a couple of ～** | 2, 3の～，いくつかの～

= a few (～) (106) •「2つ[2人]の～」を基本として，少数の範囲を表す表現。**a couple of** people [times]「2, 3人[回]」

438
☑ ***be* open to ～** | ～に開かれている

•「～を受け入れる」の意味もある。**be open to** new ideas「新しい考えを受け入れる」

She **turned around** and came up to me.	彼女はふり返って私に近づいてきた。
He **turns on** the TV as soon as he gets up.	彼は起きるとすぐにテレビをつける。
I don't **care about** small mistakes.	私は小さなミスは気にしない。
It is said that climate change is **due to** human activities.	気候変動は人間の活動が原因であると言われている。
Those temples **are** well **worth visiting**.	それらのお寺は訪れる価値が十分ある。
I bought **a** new **pair of** jeans the other day.	私は先日新しいジーンズを1本買った。
I spent **a couple of** hours walking around the city.	私は2, 3時間かけてその町を歩いて回った。
The lecture **is open to** the public.	その講義は一般の人々に公開されている。

439 ☑ fight against ～

～と戦う

- 〈～〉には戦う相手や病気などがくる。
- fight with ～ は「～（相手）と戦う」と「～に味方して戦う」の意味になる。
- fight for ～ は「～のために戦う」。**fight for** peace「平和のために戦う」

440 ☑ clean up ～

～をきれいに(掃除)する

- clean をより強調した表現。up はここでは「すっかり，完全に」などの意味合い。

441 ☑ *be* tired of ～

～にうんざりしている

- 〈～〉に ～ing 形(動名詞)がくると「～することにうんざりしている」を表す。
- get tired of ～ は「～にうんざりする」。

442 ☑ care for ～

～の世話をする

= take care of ～ (121)，look after ～ (419)

443 ☑ go on to ～

～に(引き続き)進む，進学する

- **go on to** high school「高校に進学する」
- go on (187)

444 ☑ go into ～

～に入る

⇔ go out of ～ (370)
- come into ～ (82)，get into ～ (196)

445 ☑ focus on ～

～に焦点をあてる，～に重点を置く

= concentrate on ～ (368)

446 ☑ cry out

大声で叫ぶ

- 大きな声を上げたり，大きな声で何かを叫んだりすること。**cry out** in surprise「驚いて叫ぶ」，**cry out** for help「助けを求めて叫ぶ」

She <u>was</u> in the hospital and <u>**fighting against**</u> the disease.	彼女は入院して病気と戦っていた。
The fans <u>cleaned up</u> the stadium after the game.	そのファンたちは試合後にスタジアムをきれいに清掃した。
I<u>'m tired of</u> hearing the same thing again and again.	私は何度も何度も同じことを聞くのにうんざりしている。
She <u>cares for</u> her elderly mother at home.	彼女は自宅で高齢の母の世話をしている。
We <u>went on to</u> the next step.	私たちは次の段階に進んだ。
I <u>went into</u> the kitchen and looked for something to eat.	私は台所に入り，何か食べるものを探した。
They <u>focus on</u> the learning process as well as the test results.	彼らは試験の結果だけでなく学習の過程にも重点を置いている。
Someone <u>was</u> <u>crying out</u> for help in the middle of the night.	真夜中にだれかが助けを求めて叫んでいた。

447 so far — これまでの[今の]ところ

= until now

448 twice as ... as ～ — ～の2倍…

- twice as many [much] as ～「～の2倍多く」
- — times as ... as ～（378）

449 a variety of ～ — いろいろな～

- 〈～〉には複数を表す名詞がくる。
- a wide [great] variety of ～「多種多様な～，幅広い～」

450 get hurt — けがをする

- 「けがをしている」は be hurt。

451 at the beginning of ～ — ～の初めに

⇔ at the end of ～（235）
- in the beginning は「最初は」（= at first（107））。

452 hand in ～ — ～を提出する

- 名詞の hand を用いた hand in hand は，「手をつないで」の意味で副詞の働きをする。
walk **hand in hand** with ～「～と手をつないで歩く」

453 a number of ～ — 多数の～，いくつかの～

- 多数であることを明示するのに a large [great] number of ～ とすることが多い。a small number of ～ なら「少数の～」。
- 〈～〉には複数を表す名詞がくる。 ● the number of ～（206）との違いに注意。

454 make sure (that) ～ — ～ということを確かめる

- that は省略されることも多い。 ● that ～ の代わりに，if ～「～かどうか」や，when ～「いつ～か」などの疑問詞で始まる語句もくる。 ● make sure of ～「～を確かめる」

I think everything is going well <u>so far</u>.	<u>これまでのところ</u>すべてうまくいっていると思います。
It took <u>twice</u> <u>as</u> long <u>as</u> usual to get there.	そこに着くのにふだんの2倍長く時間がかかった。
You can enjoy <u>a</u> wide <u>variety of</u> dishes at that restaurant.	そのレストランでは<u>幅広い</u>料理を楽しむことができる。
She <u>got hurt</u> because she fell down the stairs.	彼女は階段から落ちたため<u>にけがをした</u>。
He left for London <u>at the beginning of</u> August.	彼は8月の初めにロンドンに向けて出発した。
We have to <u>hand in</u> our homework by Friday.	私たちは金曜日までに宿題を<u>提出し</u>なければならない。
<u>A</u> large <u>number of</u> people were waiting in line before the gates opened.	開門前から<u>大勢の人</u>が並んで待っていた。
She got back to the house to <u>make sure</u> she turned off the lights and gas.	彼女は電気とガスを消した<u>ことを確認する</u>ために家に戻った。

455 ☑
manage to ～
どうにか～する

- この to ～ は不定詞。困難を伴うことが成し遂げられる含みがある。
- succeed in ～ing（315）や be able to ～（208）で表すこともできる。

456 ☑
lead to ～
～(という結果)につながる

- 「(道・ドアなどが)～に通じている」の意味もある。

457 ☑
fall asleep
(ぐっすり)寝入る

- be fast [sound] asleep「ぐっすり眠っている」
- go to sleep（391）と異なり，意識せずに寝入ってしまうことを表す。

458 ☑
in the distance
遠くに

- この distance は「遠距離」という意味。見えたり聞こえたりする範囲で「遠くに」ということ。
- from a distance「遠くから」，at a distance「少し離れて」

459 ☑
cut out ～
～を切り取る

- 「～を…から切り取る」は cut out ～ from ... や cut ～ out of ... で表せる。**cut out** some scenes <u>from</u> the video「動画<u>から</u>いくつかのシーンを切り取る」

460 ☑
ever since (～)
それ以来ずっと，～して以来ずっと

- この ever は「ずっと」の意味の副詞で，副詞の since「それ以来」や接続詞の since「～して以来」の意味を強調している。

461 ☑
in other words
言い換えれば，つまり

- 前に述べた内容を，よりわかりやすく言い直すときの表現。that is (to say) で表すこともできる。

462 ☑
fill ～ with ...
～を…でいっぱいにする

- 〈～〉を主語にした受け身形 be filled with ...「…でいっぱいである」の使われ方も多い。
（→ be full of ～（116））

He **managed to** **get** **on** the crowded train.	彼はその混みあった電車にどうにか乗った。
Cutting down forests **leads to** global warming.	森林の伐採は地球温暖化につながる。
I stayed up late last night, so I **fell** **asleep** in class today.	私は昨夜は夜ふかししたので，今日は授業中に寝入ってしまった。
I saw the ocean **in the distance** from the train window.	列車の窓から遠くに海が見えた。
The students **cut out** and collected articles **from** the newspaper for their presentation.	生徒たちは発表のために新聞から記事を切り抜いて集めた。
She moved to Nagoya at the age of seven and has lived there **ever** **since**.	彼女は7歳のときに名古屋に引っ越して，それ以来ずっとそこに住んでいる。
He works for a company and also looks after his parents. **In other** **words**, he's very busy.	彼は会社に勤めて，両親の面倒も見ている。つまり，彼はとても忙しい。
Do not **fill** the box **with** books. It will be too heavy to carry.	箱を本でいっぱいにしないでください。重すぎて運べないでしょう。

LEVEL 1
LEVEL 2
LEVEL 3
LEVEL 4
会話表現

455
▼
462

143

463 ☑ in time
間に合うように

- in time for ~ 「~に間に合うように，~に間に合って」
- on time 「時間どおりに」(153) と区別すること。

464 ☑ Would you mind ~ing?
~していただけませんか。

- 相手にていねいに依頼する表現の1つ。 • 「ええ，いいですよ」と応じるときは No, not at all. や Of course not. などとする。断るときは I'm afraid ~.「申し訳ないですが~」や I'm sorry, but ~.「すみませんが~」と事情を補足しながら伝えるとよい。

465 ☑ deal with ~
~に対処する，~を処理する

- 問題や課題などの解決に向けて対応するということ。

466 ☑ *be* willing to ~
~してもかまわない

- 必要があればする，しない理由がないのでする，ということ。積極的な気持ちを含む *be* ready to ~「喜んで~する」(296) と意味合いに差がある。

467 ☑ make fun of ~
~をからかう

468 ☑ die out
絶滅する，絶える

- 伝統や風習などが「すたれる」の意味でも使われる。

469 ☑ over and over (again)
何度も何度も

= again and again (261)

470 ☑ as for ~
~については，~に関しては

- 前に述べたことに関連する話題を持ち出すときの表現。

I left home **in time** for the first train.	私は始発電車に間に合うように家を出た。
A: **Would you mind** explaining it to us? B: No, not at all.	A: 私たちにそれを説明していただけませんか。 B: ええ，もちろんです。
The company must **deal with** the safety issues of its products.	その企業は製品の安全性の問題に対処しなければならない。
If she can't come, I **am willing to** attend the meeting instead of her.	もし彼女が来られないなら，私が彼女の代わりに会議に出席してもかまいません。
Some of my classmates used to **make fun of** me, but I didn't care.	何人かのクラスメートがよく私をからかったものだが，私は気にしなかった。
Those species **died out** hundreds of years ago.	それらの種は数百年前に絶滅した。
I read my textbooks and notebooks **over and over** for the test.	私はテストに向けて教科書とノートを何度も何度も読んだ。
My brother is doing well at school. **As for** me, I'm not doing so well.	弟は学校で成績がいいです。私に関しては，あまりうまくいっていません。

471
☑ **in tears**　　涙を浮かべて

● *be* in tears「泣いている」

472
☑ **stick to ～**　　～にこだわる，～に固執する

● **stick to** *one*'s word「約束を守る」
● 「～にくっつく」の意味もある。

473
☑ ***be* known as ～**　　～として知られている

● *be* known to ～ は「～に知られている」。The secret **is known to** everyone.「その秘密はみんなに知られている」

474
☑ **rely on ～**　　～を頼りにする，あてにする，信頼する

● rely on ～ for ...「～を…のことで頼りにする［…を～に依存する］」They **rely on** the river **for** their water.「彼らは水をその川に依存している」　● depend on ～（258）

475
☑ **move on**　　進む，移る

● 移動する，先に進む，次の段階や話題に移る，という意味。　● move on to ～ は「～に移る［進む］，～に進級する」。**move on to** the fifth grade「5年生に進級する」

476
☑ **have nothing to do with ～**　　～と何の関係もない

● not have anything to do with ～ とも表せる。
● have something [much] to do with ～「～と何か［大いに］関係がある」

477
☑ **get caught in ～**　　～に巻き込まれる

= *be* caught in ～
● 急に困難な状況にあうということ。**get** [*be*] **caught in** a shower「にわか雨にあう」

478
☑ **break *one*'s [a] promise**　　約束を破る

⇔ keep *one*'s [a] promise「約束を守る」
● make a promise（379）

146

She came into the room **in tears**.	彼女は<u>涙を浮かべて</u>部屋に入ってきた。
He **sticks to** the decision he made.	彼は自分が下した決断に<u>こだわっている</u>。
The actor **is** also **known as** an artist.	その俳優は芸術家<u>としても知られている</u>。
You can **rely on** us **for** support at any time.	支援のことではいつでも私たち<u>を頼ってください</u>。
Why don't we **move on** to the next topic?	次の話題に<u>移り</u>ませんか。
He seems to **have nothing to do with** the problem.	彼はその問題<u>とは何の関係もない</u>ようだ。
We **got caught in** a traffic jam on the way.	私たちは途中で交通渋滞に<u>巻き込まれた</u>。
I can rely on him. He **has never broken a promise** so far.	私は彼を信頼している。彼はこれまでのところ<u>約束を破ったことがない</u>。

471
▽
478

147

479
☑ **play a part (in 〜)** (〜で)役割を果たす

= play a role (in 〜)
- play the part (of 〜) は，映画や劇などで「(〜の)役を演じる」。

480
☑ **side by side** 並んで

- 横に並んでいる様子を表す。
- 「いっしょに，協力して」の意味もある。work **side by side** なら，「並んで働く」「いっしょ
  に働く，協力しあう」のどちらにもなる。

481
☑ **for one thing** 1つには

- 理由をいくつか説明するとき，その最初のものを述べる表現。そのほかの理由を，for
  another (thing)「もう1つには」で続けたり，also「また」などの情報を追加する表現で
  続けたりする。

482
☑ **result in 〜** 〜という結果になる

- in のあとに 〜ing 形(動名詞)がくると「〜する結果となる」。
- as a result (357)

483
☑ **from place to place** あちこちへ

- from 〜 to ... (143)の表現の1つ。〈〜〉と〈...〉に冠詞のない同じ語を使い，範囲の広さや連
  続していること，変化などを表す。**from** time **to** time「ときどき」，**from** day **to** day「日ご
  とに」

484
☑ **bring up 〜** 〜を育てる

- 〈〜〉が代名詞のときの語順は bring 〜 up (**bring me up**)とする。
- 〈〜〉を主語にした受け身形〜 be brought up (by ...) は「〜は(…に)育てられる」。

485
☑ ***be* satisfied with 〜** 〜に満足している

= *be* happy with 〜

Oil and coal have **played an** important **part in** the development of Japan's economy.	石油と石炭は日本経済の発展に重要な役割を果たしてきた。
We sat **side by side** on the beach and watched the sunset.	私たちは並んでビーチに座り，夕日を眺めた。
I think that film is worth seeing. **For one thing**, everyone should be moved.	あの映画は見る価値があると思います。1つには，だれもが感動するはずです。
The heavy snow **resulted in** the loss of two lives.	その大雪は2人の命を失うという結果になった。
They traveled **from place to place** during their short vacations.	彼らは短い休みの間にあちこちへ旅をした。
He **was** born and **brought up** in Spain.	彼はスペインで生まれ育った。
I'**m not satisfied with** our results in today's competition.	私は今日のコンクールの結果に満足していない。

LEVEL 1
LEVEL 2
LEVEL 3
LEVEL 4
会話表現

479
▼
485

486 □ break out

急に発生する

● 戦争，火事，暴動などが急に起こることを表す。

487 □ in a hurry

急いで

● *be* in a hurry to ～ 「～しようと急いでいる，急いで～する」
● 「時間がなくて」の意味もある。I'm **in a hurry**. 「時間がないのです，急いでいます」

488 □ in spite of ～

～にもかかわらず

489 □ *be* amazed at [by] ～

～にとても驚く，びっくりする

● *be* surprised at [by] ～（316）よりも強い驚きを表す。
● *be* amazed to ～ 「～してびっくりする」

490 □ work for ～

～に勤めている

● 就職している，雇われているということを表す表現。　● work in [at] ～「～で働いている」は，働いている会社や場所に焦点がある。**work in [at]** a hospital 「病院で働いている」

491 □ turn in ～

～を提出する

= hand in ～（452）

492 □ connect with ～

～とつながりを持つ

● connect to ～ は「～とつながる，接続する」。**connect to** the Internet [website] 「インターネット[ウェブサイト]に接続する」

493 □ tell the difference between ～

～(間)の違いがわかる

● この tell は「～を見分ける」という意味。tell the difference between ～ and ... 「～と…を見分ける[の区別がつく]」（= tell ～ from ...）

World War II **broke out** in 1939.	第二次世界大戦は 1939 年に勃発した。
Why did he go away **in such a hurry**?	彼はなぜそんなに急いで立ち去ったのですか。
In spite of all their efforts, the experiment resulted in failure.	彼らのあらゆる努力にもかかわらず、実験は失敗に終わった。
I **was amazed at** the amount of food he ate.	私は彼が食べる料理の量にびっくりした。
My father **has been working for** a car company ever since.	父はそれ以来、自動車会社に勤めている。
I've already **turned in** my report.	私はもうレポートを提出した。
The company is trying to **connect with** more customers through the Internet.	その企業はインターネットを通じてより多くの顧客とつながりを持とうとしている。
I can't **tell the difference between** the two.	私にはその 2 つの違いがわからない。

151

494 ☑ There is something wrong with ～.

～はどこか具合が悪い[おかしい]。

= Something is wrong with ～. ● something の代わりに anything や nothing も用いられる。
There is nothing wrong with ～. 「～はどこもおかしくない」

495 ☑ translate ～ into ...

～を…に翻訳する

● 翻訳元の言語を from ‐「‐から」と加える場合もある。

496 ☑ *be* attracted to ～

～に引かれる，魅力を感じる

● attract ... to ～「…を～に引き寄せる」

497 ☑ *be* located in ～

～に位置している，～にある

● 場所を表す前置詞は，in のほかに at や on も使われる。また，near ～「～の近くに」など，表現の幅が広い。
● an office **located in** Kyoto 「京都にある会社」(名詞 + located in ～)

498 ☑ have access to ～

～を利用[入手]できる

● この access は，何かを利用したり手に入れたりする権利や機会のこと。**have access to** information [service, clean water] 「情報[サービス，きれいな水]を利用できる」

499 ☑ in short

要するに，手短に言うと

● 前に述べた内容を簡潔にまとめて言い直したり，要点を述べたりするときの表現。

500 ☑ leave ～ behind

～をあとに残していく，置き去りにする

● **leave** *one's* home [past] **behind** 「故郷を(永遠に)あとにする[過去を捨てる]」
● 「～を置き忘れる」の意味でも使われる。**leave** my smartphone **behind** 「スマートフォンを置き忘れる」

There **is** **something** **wrong** **with** his computer.	彼のコンピューターはどこか具合が悪い。
She helped me **translate** my Japanese e-mail **into** English.	彼女は私が日本語のEメールを英語に翻訳するのを手伝ってくれた。
People **were** **attracted** **to** the sound of the piano and gathered around the performer.	人々はピアノの音色に引かれて、演奏者のまわりに集まってきた。
Our school **is** **located** **in** the western part of Tokyo.	私たちの学校は東京の西部にあります。
There are many people in the world who **do** **not** **have** **access** **to** the Internet.	世界にはインターネットを利用できない人がたくさんいる。
We haven't given up and we will keep trying. **In** **short**, there is hope.	私たちはあきらめていませんし、努力を続けていきます。要するに、希望はあるのです。
Our aim is to **leave** no students **behind** and to help them improve their skills.	私たちの目的は1人も生徒を取り残さず、彼らの技能を向上させる支援をすることです。

STEP 53 (p.128)

☑ ～するために	in order to ～
☑ ～するために	so that ～
☑ ～も…も (し)ない	neither ～ nor …
☑ ～ではあるけれども	even though ～
☑ よく～したものだ，以前は～だった	used to ～
☑ ～することが許可されている	be allowed to ～
☑ できるだけ～	as ～ as possible

STEP 54 (p.130)

☑ あたかも[まるで]～のように	as if ～
☑ (～に)近づいてくる	come up (to ～)
☑ ～である限り，～しさえすれば	as long as ～
☑ ～の中ごろ[最中]に	in the middle of ～
☑ ～に変わる	turn into ～
☑ ～の代金を支払う	pay for ～
☑ 私に～させてください。	Let me ～.
☑ ～を経験する	go through ～

STEP 55 (p.132)

☑ すべての～が…とは限らない	not all ～ …
☑ うそをつく	tell a lie
☑ ～(明かり・スイッチ類)を切る，消す	turn off ～
☑ ～の世話をする	look after ～
☑ ～を引き継ぐ	take over ～
☑ だから～。	That's why ～.
☑ 確かに，間違いなく	for sure

STEP 56 (p.134)

☑ ～(の存在・価値)を信じる	believe in ～
☑ すぐに，直ちに	at once
☑ 空中に[で]	in the air
☑ ～するようになる	come to ～
☑ (大声で)呼びかける，叫ぶ	call out
☑ ～を持ち帰る，～を返す	bring back ～
☑ まさに～するところだ	be about to ～
☑ ～に基づいている	be based on ～

STEP 57 (p.136)

☑ ふり向く，ふり返る	turn around
☑ ～(明かり・スイッチ類)をつける	turn on ～
☑ ～を気にかける	care about ～
☑ ～のために，～が原因で	due to ～

STEP 57 (p.136)

☑ ～する価値がある	**be** worth ~ing
☑ I 対[I 組]の～	a pair of ~
☑ 2, 3の～，いくつかの～	a couple of ~
☑ ～に開かれている	**be** open to ~

STEP 58 (p.138)

☑ ～と戦う	fight against ~
☑ ～をきれいに(掃除)する	clean up ~
☑ ～にうんざりしている	**be** tired of ~
☑ ～の世話をする	care for ~
☑ ～に(引き続き)進む，進学する	go on to ~
☑ ～に入る	go into ~
☑ ～に焦点をあてる，～に重点を置く	focus on ~
☑ 大声で叫ぶ	cry out

STEP 59 (p.140)

☑ これまでの[今の]ところ	so far
☑ ～の 2 倍…	twice as ... as ~
☑ いろいろな～	a variety of ~
☑ けがをする	get hurt
☑ ～の初めに	at the beginning of ~
☑ ～を提出する	hand in ~
☑ 多数の～，いくつかの～	a number of ~
☑ ～ということを確かめる	make sure (that) ~

STEP 60 (p.142)

☑ どうにか～する	manage to ~
☑ ～(という結果)につながる	lead to ~
☑ (ぐっすり)寝入る	fall asleep
☑ 遠くに	in the distance
☑ ～を切り取る	cut out ~
☑ それ以来ずっと，～して以来ずっと	ever since (~)
☑ 言い換えれば，つまり	in other words
☑ ～を…でいっぱいにする	fill ~ with ...

STEP 61 (p.144)

☑ 間に合うように	in time
☑ ～していただけませんか。	Would you mind ~ing?
☑ ～に対処する，～を処理する	deal with ~
☑ ～してもかまわない	**be** willing to ~
☑ ～をからかう	make fun of ~

STEP 61 (p.144)

☑ 絶滅する，絶える	die out
☑ 何度も何度も	over and over (again)
☑ ～については，～に関しては	as for ～

STEP 62 (p.146)

☑ 涙を浮かべて	in tears
☑ ～にこだわる，～に固執する	stick to ～
☑ ～として知られている	be known as ～
☑ ～を頼りにする，あてにする，信頼する	rely on ～
☑ 進む，移る	move on
☑ ～と何の関係もない	have nothing to do with ～
☑ ～に巻き込まれる	get caught in ～
☑ 約束を破る	break one's [a] promise

STEP 63 (p.148)

☑ （～で）役割を果たす	play a part (in ～)
☑ 並んで	side by side
☑ 1つには	for one thing
☑ ～という結果になる	result in ～
☑ あちこちへ	from place to place
☑ ～を育てる	bring up ～
☑ ～に満足している	be satisfied with ～

STEP 64 (p.150)

☑ 急に発生する	break out
☑ 急いで	in a hurry
☑ ～にもかかわらず	in spite of ～
☑ ～にとても驚く，びっくりする	be amazed at [by] ～
☑ ～に勤めている	work for ～
☑ ～を提出する	turn in ～
☑ ～とつながりを持つ	connect with ～
☑ ～（間）の違いがわかる	tell the difference between ～

STEP 65 (p.152)

☑ ～はどこか具合が悪い[おかしい]。	There is something wrong with ～.
☑ ～を…に翻訳する	translate ～ into ...
☑ ～に引かれる，魅力を感じる	be attracted to ～
☑ ～に位置している，～にある	be located in ～
☑ ～を利用[入手]できる	have access to ～
☑ 要するに，手短に言うと	in short
☑ ～をあとに残していく，置き去りにする	leave ～ behind

会話表現

100表現（ C1 ～ C100 ）

中学校でおもに学習する会話表現を中心に，入試の会話場面でもよく見られる表現を100個厳選しました。そのうちの一部は，LEVEL 1 ～ 4 と共通の見出しも含まれています。

この100の会話表現を，使用場面の視点で以下のとおり24の項目に分けて掲載しました。

例文はすべてA—Bの対話形式です。日常的な対話としてすぐに使える内容でもあり，また入試対策としても役立つ対話文です。

C1 ☐ **Nice to meet you.**

はじめまして。

- 初対面でのあいさつ表現。
- 別れぎわは，Nice meeting you.「お会いできてよかったです」で表せる。

C2 ☐ **See you.**

さようなら。，じゃあまた。

= See you later [soon].
- 親しい間柄で使われる。**See you** tomorrow!「じゃあまた明日！」

C3 ☐ **say hello to 〜**

〜によろしく伝える

- 「〜にあいさつをする」の意味でも使われる。I stood up and **said hello to** him.「私は立ち上がって彼にあいさつした」

C4 ☐ **May I help you?**

いらっしゃいませ。，ご用件は。，何かお探しですか。

= What can I do for you? ● 店頭や受付などでかけられる言葉。
- 応じるときは Yes, please. などと述べてから用件を伝える。対話例のような応じ方もある。

C5 ☐ **I'm looking for 〜.**

私は〜を探しています。

- look for 〜 (6)

C6 ☐ **How much is it?**

それはいくらですか。

- How much 〜? (212)

C7 ☐ **I'll take it.**

それをもらいます。

- この take は「〜を選ぶ，買う」という意味。 ● 欲しいものが決まり，それ(it)を購入するときに使う表現。**I'll take** this shirt.「このシャツをもらいます」

C8 ☐ **Can I have 〜?**

〜をいただけますか。

- Can I 〜? (41)

A: **Nice to meet you**. B: **Nice to meet you**, too.	A：はじめまして。 B：はじめまして。
A: **See you**. B: Goodbye. Have a nice day!	A：じゃあまた。 B：じゃあまた。よい1日を！
A: **Say hello to** your mother for me. B: OK. I will.	A：お母さんによろしく伝えてね。 B：わかった。そうするよ。
A: **May I help you**? B: No, thank you. I'm just looking.	A：何かお探しですか。 B：いいえ，ちょっと見ているだけです。
A: **I'm looking for** a present for my mother. B: Sure. Is it for Mother's Day?	A：母へのプレゼントを探しています。 B：かしこまりました。母の日用でしょうか。
A: I like this one. **How much is it**? B: It's thirty-five dollars.	A：これ気に入ったわ。いくらですか。 B：35ドルです。
A: This shirt is very popular. B: Then **I'll take it**.	A：このシャツはとても人気がありますよ。 B：では，それをもらいます。
A: Excuse me. **Can I have** the menu, please? B: Certainly.	A：すみません。メニューをいただけますか。 B：かしこまりました。

LEVEL 1
LEVEL 2
LEVEL 3
LEVEL 4
会話表現
C1 ▽ C8

C9 What would you like to 〜?　何を〜したいですか。

• would like to 〜（182）

C10 I'll have 〜, please.　〜をいただきます[お願いします]。

• 食事や買い物などで注文をする際に使う表現。

C11 Would you like 〜?　〜はいかがですか。

• Would you like another cup [glass] of 〜? は「〜をもう1杯いかがですか」と勧める表現。

C12 Anything else?　ほかにご注文はございますか。

• Would you like [Is there] anything else? などの省略表現。

C13 That's all.　以上です。

• Anything else?（C12）と聞かれて,「それでけっこうです」と返答するときは, No, that's all. と伝えるとよい。

C14 to go　持ち帰りで

• 注文のときに持ち帰りであることを伝える表現。Two coffees **to go**, please.「コーヒー2つ を持ち帰りでお願いします」
• 店内での飲食なら for here「ここで」を用いる。

C15 help yourself (to 〜)　〜を自由に取って食べる[飲む]

• Help yourself (to 〜). は, おもに飲食物を相手に勧めるときの表現。Help yourself.「ご自 由にどうぞ」だけでも使われる。

A: **What would you like to** order? B: Well, what's today's special?	A：何をご注文されますか。 B：ええと，今日のお勧めは何ですか。
A: **I'll have** a hamburger, **please**. B: Certainly, and would you like anything to drink?	A：ハンバーガーを1つください。 B：かしこまりました，お飲み物はいかがですか。
A: **Would you like** another cup of coffee? B: Yes, please.	A：コーヒーをもう1杯いかがですか。 B：ええ，お願いします。
A: **Anything else**? B: Can I have one more piece of apple pie, please?	A：ほかにご注文はございますか。 B：アップルパイをもう1ついただけますか。
A: Are you ready to order? B: Yes. I'll have strawberry cake and tea, please. **That's all**.	A：ご注文はお決まりですか。 B：ええ。イチゴケーキと紅茶をください。以上です。
A: For here or **to go**? B: For here, please.	A：店内でお召し上がりですか，それともお持ち帰りですか。 B：ここで食べます。
A: **Help yourself to** some fruit. B: Thank you.	A：果物をご自由にお召し上がりください。 B：ありがとうございます。

LEVEL 1
LEVEL 2
LEVEL 3
LEVEL 4
会話表現
C9 ▼ C15

C16

Do you know where ～ is?
～がどこにあるか知っていますか。

- where のあとは〈主語 + be 動詞〉の語順。

C17

Could you tell me how to get to ～?
～への行き方を教えていただけますか。

- Could you ～?（141），how to ～（201），get to ～（156）
- Could you tell me the way to ～?「～までの道順を教えていただけますか」

C18

Go straight ～, and turn ....
まっすぐ～を進んで，…に曲がってください。

- 道案内では，進む方向や曲がる場所などを順序立てて述べるとよい。
- go straight（245）

C19

It's on your left [right].
左[右]手にあります。

- it は話題に出ている場所をさしている。
- You'll find it **on your left [right]**.「それは左[右]手に見つかりますよ」

C20

How long ～?
どのくらい（長く）～か。

- かかる時間の長さをたずねる表現。距離には How far ～?（371）。● How long will [does] it take（-）to ～?「（-が）～するのにどれくらいかかるか」（→ It takes（-）... to ～.（199））

C21

It'll take about ～.
およそ～かかります。

C22

Which ～ should I take?
どの～を使えばよいですか。

- この take は「（乗り物）を利用する」。（→ take a train（89））

C23

on schedule
予定[時間]どおりに，定時に

- schedule に a や the をつけないことに注意。
- 「（～分）遅れて」は（～ minute(s)）behind schedule。

A: **Do you know where** the nearest bus stop **is**? B: I'm sorry, I don't know.	A：最寄りのバス停がどこにあるかご存じですか。 B：すみませんが，わかりません。
A: **Could you tell me how to get to** the aquarium? B: Sure.	A：水族館への行き方を教えていただけますか。 B：いいですよ。
A: Is this the right way? B: Yes. **Go straight** three blocks, **and turn** left.	A：この道で合っていますか。 B：ええ。まっすぐ3ブロック行って，左に曲がってください。
A: Go straight down this road. **It's on your left**. B: OK. Thanks a lot.	A：この道を直進してください。左手にあります。 B：わかりました。ありがとうございます。
A: **How long** will it take to get to the airport? B: About 20 minutes by car.	A：空港に行くのにどれくらいかかりますか。 B：車で20分くらいです。
A: Is it far from here? B: **It'll take about** 10 minutes to get there.	A：そこはここから遠いですか。 B：そこに行くのにおよそ10分かかります。
A: **Which** bus **should I take**? B: Take the No. 24 bus.	A：どのバスに乗ればいいですか。 B：24番のバスに乗ってください。
A: Is flight No. 557 **on schedule**? B: We're afraid it is an hour behind schedule.	A：557便は定刻どおりですか。 B：申し訳ありませんが，1時間遅れています。

LEVEL 1

LEVEL 2

LEVEL 3

LEVEL 4

会話表現

C16 ▽ C23

C24 ☑ May I speak to 〜?
〜はいらっしゃいますか。

- 「〜とお話がしたいのですが」という意味。
- May I 〜?「〜してもよろしいですか」(C69)

C25 ☑ Who's calling?
どちらさまですか。

= Who is this [that], please? ● 電話で相手の名前を確認する表現。
- May I ask who's calling? とすると、ていねいな聞き方になる。

C26 ☑ This is 〜 speaking.
私は〜です。

- 電話で自分を名乗るときの表現。 ● May I speak to 〜? (C24)の場面で、本人であれば単に Speaking.「私です」と応じることもできる。

C27 ☑ Just a moment.
ちょっとお待ちください。

= Just a minute [second].

C28 ☑ Hold on, please.
お待ちください。

- hold on は「(電話を切らずに)待つ」。Can you hold on(, please)? とも表せる。

C29 ☑ leave a message
伝言を残す

- May I leave a message?「伝言を残してもいいですか」(自分から申し出る)、Would you like to leave a message?「伝言を残されますか」(相手に促す)
- take a message「伝言を受ける」

C30 ☑ Excuse me.
すみません。

- 見知らぬ人に話しかける、注意を向けさせる、また人の前を通るときなどにも使われる。
- 「失礼」と軽くわびるときにも使われるが、謝罪の気持ちを表すには I'm sorry. を使う。

C31 ☑ Do you have a minute?
少しお時間はありますか。

- a minute で「少しの間」。(→ for a minute (361))

A: Hello. **May I speak to** Emma? B: Sorry, she's out now.	A: もしもし。エマさんは いらっしゃいますか。 B: すみません，今は外出 中です。
A: Good morning. Can I speak to Bob, please? B: **Who's calling**, please?	A: おはようございます。 ボブさんをお願いでき ますか。 B: どちらさまでしょうか。
A: Hello. **This is** Kenta **speaking**. Is Amy there? B: Speaking.	A: もしもし。私はケンタ です。エイミーさんは いますか。 B: 私です。
A: May I speak to Mr. Green? B: **Just a moment**, please.	A: グリーンさんをお願い したいのですが。 B: 少々お待ちください。
A: May I speak to Ms. White? B: **Hold on**, please.	A: ホワイトさんと話せま すか。 B: お待ちください。
A: He'll be back late at night. B: May I **leave a message**?	A: 彼は夜遅くに戻ります。 B: 伝言を残してもいいで すか。
A: **Excuse me**. Is this the way to the theater? B: Yes, it is. Go along this street.	A: すみません。劇場へは この道ですか。 B: そうです。この通りを 進んでください。
A: **Do you have a minute**? B: Uh, can you give me five minutes?	A: 少しお時間はあります か。 B: ええと，5分待っても らえますか。

LEVEL 1
LEVEL 2
LEVEL 3
LEVEL 4
会話表現
C24 ▼ C31

C32 ☑
What's wrong?
どうしたのですか。

= Is (there) anything wrong? ● 答える側は自分の状況を説明したり, Oh, nothing.「ああ, 何でもないよ」などと返答したりする。

C33 ☑
What's the matter?
どうしたのですか。

= Is (there) anything the matter? ● What's the matter with ～?「～はどうしたのですか」

C34 ☑
Guess what!
ねえ, 聞いて！

● 驚きの内容を伝えようとするときの表現。

C35 ☑
I see.
なるほど。, わかりました。

● この see は「わかる, 理解する」(= understand)の意味。

C36 ☑
That's great!
それはいいね！, それはよかった！

C37 ☑
Is that so?
そうですか。

●「本当ですか」(= Is that true?)と確かめる言い方にもなる。I heard you are moving. **Is that so?**「あなたが引っ越すと聞いたけど, 本当ですか」

C38 ☑
Are you kidding?
冗談でしょ？

= You're kidding., No kidding.

C39 ☑
Pardon me?
何とおっしゃいましたか。

= Pardon? ● 堅い表現として I beg your pardon. とも言う。

C40 ☑
Could you say that again?
もう一度おっしゃっていただけますか。

● Could you ～? (141)は Can you ～? (C93) よりもていねいな依頼の表現。

A: <u>What's</u> <u>wrong</u>? You look tired. B: I didn't sleep well last night.	A：<u>どうしたの</u>。疲れているようだけど。 B：昨晩よく眠れなくてね。
A: <u>What's</u> <u>the</u> <u>matter</u>? B: I have a bad headache.	A：<u>どうしたのですか</u>。 B：ひどい頭痛がするんです。
A: <u>Guess</u> <u>what</u>! I won first prize! B: Really?!	A：<u>ねえ，聞いて！</u> 1等賞をとったよ！ B：本当!?
A: That store was still closed. B: Oh, <u>I</u> <u>see</u>. Then I'll go there tomorrow.	A：あの店はまだ閉まっていたよ。 B：あら，<u>わかったわ</u>。それなら明日行くわ。
A: I managed to get tickets for the concert. B: <u>That's</u> <u>great</u>!	A：コンサートのチケットがどうにかとれたよ。 B：<u>それはよかった</u>！
A: She really wants to see you. B: <u>Is</u> <u>that</u> <u>so</u>? I'm glad to hear that.	A：彼女がとても会いたがっていますよ。 B：<u>そうなんですか</u>。そう聞いてうれしいです。
A: She's not coming today. B: <u>Are</u> <u>you</u> <u>kidding</u>?	A：彼女は今日来ないよ。 B：<u>冗談でしょ</u>？
A: Let's take the next train. B: <u>Pardon</u> <u>me</u>? I didn't hear you.	A：次の電車に乗ろう。 B：<u>何ですって</u>。聞こえませんでした。
A: <u>Could</u> <u>you</u> <u>say</u> <u>that</u> <u>again</u> slowly? B: Sure.	A：<u>もう一度ゆっくりと話していただけますか</u>。 B：わかりました。

LEVEL 1

LEVEL 2

LEVEL 3

LEVEL 4

会話表現

C32 ▽ C40

167

C41 ☑ **You mean ～?**　　つまり～ということですか。

- Do you mean ～? の Do が省略された表現。
- mean のあとには〈(that) 主語＋動詞～〉もくる。

C42 ☑ **You said that ～, right?**　　～ということですよね。

C43 ☑ **Thanks for ～.**　　～をありがとう。,　～してくれてありがとう。

= Thank you for ～. (38)
- for のあとに ～ing 形（動名詞）を続けると「～してくれてありがとう」。

C44 ☑ **Thanks anyway.**　　とにかくありがとう。

= Thank you anyway.　● ～, but thanks anyway. は，相手の気づかいなどにそえないときに感謝の気持ちを伝える表現。

C45 ☑ *be* **grateful for ～**　　～に感謝している

C46 ☑ **You did it!**　　やったね！

- 「やった！」と喜びを伝える表現として，You に限らず I [We] did it!「やった！」，He did it!「（彼は）やったぞ！」などと表せる。

C47 ☑ **What a ～!**　　なんて～だろう！

- 感嘆文〈What (a [an]) ＋形容詞＋名詞＋主語＋動詞 ...!〉の〈主語＋動詞 ...〉を省略した表現。

C48 ☑ **I like your ～.**　　あなたの～いいですね。

- 相手の身なりや持ち物などをほめるときの表現。

A: That is my father over there. B: <u>You mean</u> the man in the black jacket?	A：向こうにいるのが私の父です。 B：つまり黒いジャケットの男性のことですか。
A: <u>You said that</u> you would come with me, <u>right</u>? B: Yes. That's right.	A：あなたは私といっしょに来てくれるということですね。 B：はい。そのとおりです。
A: <u>Thanks for</u> listening to me. B: You're welcome.	A：私の話を聞いてくれて<u>ありがとう。</u> B：どういたしまして。
A: Would you like some more tea? B: I've had enough, <u>but thanks anyway</u>.	A：お茶をもう少しいかがですか。 B：十分いただきました，でもとにかくありがとう。
A: I <u>am grateful for</u> your help. B: Not at all.	A：あなたの助けに感謝しています。 B：どういたしまして。
A: I hit a home run today! B: <u>You did it</u>!	A：今日はホームランを打ったよ！ B：やったね！
A: <u>What a</u> nice <u>story</u>! B: It really is. I am so impressed.	A：なんていい話なんだろう！ B：本当にそうだね。とても感動したよ。
A: <u>I like your</u> new jacket. B: Thanks. I bought it last week.	A：あなたの新しいジャケットいいですね。 B：ありがとう。先週買ったんです。

LEVEL 1

LEVEL 2

LEVEL 3

LEVEL 4

会話表現

C41 ▽ C48

C49 ☑ **Good for you.**　　よかったですね。

● 相手の行為や何かうまくいったことを，祝ったりほめたたえたりするときの表現。

C50 ☑ **I'm sorry about 〜.**　　〜(について)はごめんなさい。

● 「〜のことを気の毒に思う」という意味にもなる。*be sorry about* your injury「あなたのけがのことを気の毒に思う」

C51 ☑ **I'm sorry (that) 〜.**　　〜ということをごめんなさい。

● that は省略されることが多い。〈〜〉には〈主語＋動詞〜〉がくる。
● 「〜ということを気の毒に思う」の意味にもなる。

C52 ☑ **You're welcome.**　　どういたしまして。

● お礼を言われたときに応じる表現。

C53 ☑ **Welcome to 〜.**　　〜へようこそ。

● 相手を歓迎する表現として，会話だけではなく，ホームページなどでもよく見られる。**Welcome to** our website!「私たちのウェブサイトへようこそ！」

C54 ☑ **Feel free to 〜.**　　遠慮なく〜してください。

● to 〜 は不定詞。

C55 ☑ **That's too bad.**　　それは残念[お気の毒]です。

● That's は省略されることもある。"I can't go to the party tonight." "**Too bad.**"「今夜のパーティーには行けないんだ」「それは残念ね」

C56 ☑ **I know how you feel.**　　お気持ちわかります。

● know の代わりに understand も用いられる。

A: I was finally able to leave the hospital. B: **Good for you**!	A：ようやく退院できました。 B：よかったですね！
A: **I'm sorry about** my mistake. B: Don't say that. It happens to everyone.	A：私のミスのことではごめんなさい。 B：そんなこと言わないで。だれにでもあることです。
A: **I'm sorry** I'm late. B: Don't worry. The meeting hasn't started yet.	A：遅れてごめんなさい。 B：心配しないで。打ち合わせはまだ始まっていないよ。
A: Thank you so much. B: **You're welcome**.	A：どうもありがとうございました。 B：どういたしまして。
A: **Welcome to** our school festival! B: I was really looking forward to this.	A：わが校の文化祭へようこそ！ B：とても楽しみにしていました。
A: **Feel free to** ask me if you have any questions. B: Thank you.	A：ご質問があれば遠慮なく私に聞いてください。 B：ありがとうございます。
A: I've lost my smartphone. B: **That's too bad**.	A：スマートフォンをなくしてしまったよ。 B：それは気の毒に。
A: I can't stop thinking about the game I lost. B: **I know how you feel**.	A：負けた試合のことが頭から離れないんだ。 B：気持ちはわかるよ。

C57 ☑ I'm sorry to hear that.　それはお気の毒です。

= That's too bad.（C55）
- *be* sorry to ～（359）

C58 ☑ according to ～　～によれば

- （216）

C59 ☑ I'll show you ～.　～をご案内します。

- 〈show ＋人＋ the way to ～〉「(人)に～への道を案内する」
- 〈show ＋人＋ to ～〉も「(人)に～を案内する」を表せる。
- show ～ around (...) （80）

C60 ☑ Let me tell you about ～.　～についてお話しさせてください。

- Let me ～.（414）

C61 ☑ Do you need some help?　手伝いましょうか。

- 疑問文での some は，相手が助けを必要としているだろうという推測を含んでいる。any の場合は，相手に助けが必要かどうか定かではないという意味合い。

C62 ☑ Shall I ～?　～し(てあげ)ましょうか。

- 自分が何かをすることを申し出て相手に確認する表現。
- Do you want me to ～? とも表せる。
- 返答には Yes, please.「はい，お願いします」，No, thank you.「いいえ，けっこうです」などがある。

C63 ☑ Shall we ～?　～しませんか。

- 相手といっしょに何かをすることを提案する表現。
- Why don't we ～?（154）や Let's ～.（49）でも表せる。
- 返答は Yes, let's.「ええ，しましょう」，No, let's not.「いいえ，やめておきましょう」など。

A: I had some trouble in my club yesterday. B: Oh, **I'm sorry to hear that**.	A：昨日クラブでトラブルがあったんだ。 B：えっ，それはお気の毒に。
A: **According to** her, that new movie is very interesting. B: Then we'll have to go see it!	A：彼女によれば，あの新作映画はとてもおもしろいらしいよ。 B：それなら見に行かないと！
A: Is there a train station near here? B: Yes. **I'll show you** the way there.	A：この近くに駅はありますか。 B：はい。そこへの道をご案内しましょう。
A: **Let me tell you about** this topic first. B: OK.	A：まずこの話題についてお話しさせてください。 B：わかりました。
A: It looks very heavy. **Do you need some help**? B: Thank you. That helps a lot.	A：とても重そうですね。手伝いましょうか。 B：ありがとう。大変助かります。
A: I may not have time to cook tonight. B: **Shall I cook** instead?	A：今晩は料理をする時間がないかもしれない。 B：代わりに私が料理をしましょうか。
A: **Shall we go** there tomorrow? B: Yes, let's. I'm looking forward to it.	A：明日そこへ行きませんか？ B：ええ，行きましょう。楽しみにしています。

LEVEL 1
LEVEL 2
LEVEL 3
LEVEL 4
会話表現

C 57
▼
C 63

C64 ☑ How about 〜?　　　〜はどうですか。

- 提案して申し出るほかに，関連する話題について「〜はどうですか」と意見や情報などを求めるときにも使われる。**How about** you?「あなたはどうですか」(意見を求めて)

C65 ☑ What about 〜?　　　〜はどうですか。

= How about 〜? (C64)
- 相手に意見や情報などを求める使われ方もある。

C66 ☑ Would you like to 〜?　〜してはいかがですか。

- What would you like to 〜? (C9)

C67 ☑ Would you like me to 〜?　〜しましょうか。

= Shall I 〜? (C62)
- 文字どおり「私に〜してほしいですか」の意味でも用いられる。

C68 ☑ Why don't you 〜?　　　〜してはどうですか。

- 親しい間柄で相手の行動を促し提案する表現。 ● Why don't we 〜? 「〜しませんか」(154)は，いっしょにしようと提案する表現。 ●「なぜ〜しないのですか」の意味にもなる。

C69 ☑ May I 〜?　　　　　　〜してもよろしいですか。

- 許可を求めるていねいな表現。 ● 許可するときは Sure. や Of course., Certainly. など，許可できないときは I'm afraid you can't.「申し訳ありませんができません」などと応じる。

C70 ☑ You have my word.　　　約束します。

- この word は「約束」という意味。
- I give you my word. や I promise. とも表せる。

C71 ☑ I promise to 〜.　　　　〜することを約束します。

- to 〜 は不定詞。
- I promise (that) 〜.「〜ということを約束します」

A: **How about** these shoes? They're very popular. B: Cool! How much are they?	A：こちらの靴はいかがで すか。大人気ですよ。 B：かっこいいですね！ いくらですか。
A: **What about** meeting in front of the bookstore at noon? B: Sounds good.	A：正午に書店の前で会う のはどうですか。 B：いいですね。
A: **Would you like to** join us for a picnic? B: Sure. Thanks for asking me.	A：私たちとピクニックに 行くのはいかがですか。 B：ええ。声をかけてくれ てありがとう。
A: **Would you like me to** check the train schedule? B: Thank you so much.	A：電車の時刻を調べま しょうか。 B：ありがとうございます。
A: **Why don't you** try it again? B: I'm afraid of failing.	A：もう1度やってみては どうですか。 B：失敗するのが怖いんで す。
A: **May I** have your phone number? B: Yes, of course.	A：電話番号を教えていた だけますか。 B：ええ，もちろんです。
A: Don't talk to anyone about that. B: I won't. **You have my word**.	A：それについてだれにも 言わないで。 B：言わないよ。約束する。
A: Did you bring the book I lent you? B: Sorry. **I promise to** bring it back to you tomorrow.	A：あなたに貸した本，持っ てきてくれた？ B：ごめん。明日はきみに 返すって約束するよ。

LEVEL 1
LEVEL 2
LEVEL 3
LEVEL 4
会話表現
C 64
▽
C 71

175

C72 ☑ **I don't think ～.**　　　私は～ではないと思います。

● think (that) ～ で「思う」内容〈～〉を否定する場合，〈～〉を否定形で表すよりも，ふつう
は don't think (that) ～「～だとは思わない」とする。

C73 ☑ **in my opinion**　　　私の意見[考え]では

● (376)

C74 ☑ **I'm sure (that) ～.**　　　きっと～だと思う。

● be sure (that) ～ (233)

C75 ☑ **What do you think of ～?**　　～をどう思いますか。

● think of ～ (169)　● 日本語では「どう」でも，相手の考えの内容を問うので what を使う
ことに注意。how の場合は How do you feel about ～? とする。

C76 ☑ **Do you have any ideas to ～?**　　～するアイディアはありますか。

● to ～ は不定詞。Do you have any ideas for ～ing? でも表せる。

C77 ☑ **I think so, too.**　　　私もそう思います。

● so は相手が話した内容をさす。

C78 ☑ **That's right.**　　　そのとおり。

● 相手の話している内容(that)が正しいということ。

A: Can you come at seven tomorrow? B: **I don't think** I'll be able to get up early tomorrow.	A：明日は7時に来られますか。 B：明日は早起きできないと思います。
A: This design is cool. B: **In my opinion**, that one is better than this one.	A：このデザインはかっこいいですね。 B：私の考えでは，あちらのほうがこれよりもいいと思います。
A: Finally, I'm next. I'm so nervous. B: **I'm sure** you can do it.	A：いよいよ次は私の番ね。とても緊張するわ。 B：あなたならきっとできると思うよ。
A: **What do you think of** our new teacher? B: I think he's good at teaching and he's very kind.	A：新しい先生のことをどう思う？ B：彼は教えるのが上手だし，とてもやさしいね。
A: **Do you have any ideas to** reduce food waste? B: I've come up with a good one.	A：食べ物の廃棄物を減らすアイディアは何かありますか。 B：いい考えを思いつきました。
A: This website is very useful. B: **I think so**, **too**.	A：このウェブサイトはとても役に立つね。 B：私もそう思うよ。
A: Isn't your mother an English teacher? B: Yes, **that's right**.	A：きみのお母さんは英語の先生じゃないの？ B：うん，そのとおりだよ。

LEVEL 1
LEVEL 2
LEVEL 3
LEVEL 4
会話表現

C72
▼
C78

C79 ☑ **You're right.** おっしゃるとおりです。

● 相手に同意する表現。

C80 ☑ **You can say that again.** まったくそのとおりです。

● 強く同意する表現。

C81 ☑ **Sounds good.** いいですね。

● 〈It sounds ＋形容詞 .〉の It が省略された表現。　● Sounds nice [great]. とも表せる。
● sound like ～（43）

C82 ☑ **I don't think so.** 私はそうは思いません。

● I don't think ～.（C72），I think so, too.（C77）

C83 ☑ **That's not a good idea.** それはいい考えではありません。

⇔ That's a good idea.「それはいい考えですね」

C84 ☑ **I'm afraid I have to disagree.** 残念ですが私は反対です。

● I disagree.「私は意見が合いません」とすると直接的なので，have to ～「～しなければならない」や I'm afraid (that) ～.「残念ながら～」を組み合わせ，相手への配慮も表す。

C85 ☑ **All right.** わかりました。，いいですよ。

● 用途の多い表現。相手の注意を促す意味（**All right**, let's begin.「よろしいですか，始めますよ」）や，「大丈夫，問題ない」（I'll be **all right**.「私なら大丈夫」）の意味もある。

A: I think we went the wrong way. B: **You're right**. Let's check the map.	A：私たちは道を間違えたようです。 B：おっしゃるとおりです。地図を確認しましょう。
A: We should practice more. B: **You can say that again**.	A：私たちはもっと練習したほうがいいね。 B：まったくそのとおりだ。
A: Shall we go to the mall tomorrow? B: **Sounds good**.	A：明日ショッピングモールに行かない？ B：いいですね。
A: This exercise may be too hard for you. B: **I don't think so**.	A：この運動はあなたにはきつすぎるかもしれませんね。 B：私はそう思いません。
A: I'll ask him for help. B: **That's not a good idea**. He's busy right now.	A：彼に助けを求めてみます。 B：それはいい考えではありません。彼は今忙しいから。
A: I agree with her idea. B: **I'm afraid I have to disagree**. It contains a few problems.	A：私は彼女の案に賛成です。 B：残念ですが私は反対です。それにはいくつか問題があります。
A: Can I bring some friends? B: **All right**. How many are coming?	A：友人を何人か連れてきてもいい？ B：いいよ。何人来るの？

LEVEL 1
LEVEL 2
LEVEL 3
LEVEL 4
会話表現

C 79
▽
C 85

179

C86 ☑ Of course.

もちろん。

- 当然であることを強く伝える返答の表現。"Can I use this?" "**Of course** you can." 「これを使ってもいい?」「もちろんいいよ」
- 「もちろんそうではない」は **Of course** not. とする。"Are you angry?" "**Of course** not." 「怒ってる?」「もちろん怒ってないよ」

C87 ☑ No problem.

いいですよ。, 大丈夫です。

- 喜んで何かをしてあげようという意思表示や, 自分にとって差し支えがないことを表す返答の表現。
- お礼やおわびに対して, 軽く「どういたしまして」と応じるときにも使われる。

C88 ☑ My pleasure.

どういたしまして。, 喜んで。

= It's my pleasure. ● お礼を言われたときや, 喜んで何かをしてあげようという意思表示で返答するときの, ていねいな表現。

C89 ☑ Go ahead.

どうぞ。, いいですよ。

- 許可を求められたときの返答表現の1つ。
- 文字どおり「先に行って」の使い方もある。**Go ahead**. We'll meet you there. 「先に行って。現地で合流しよう」

C90 ☑ No, thank you.

いいえ, けっこうです。

- 相手からの申し出を断る表現。No, thanks. とも表せる。

C91 ☑ I'm sorry, but ～.

すみませんが, ～。

- but のあとに理由を述べる。

C92 ☑ I'd like to, but ～.

そうしたいのですが, ～。

- 相手の申し出を I'd like to といったん受け止めながら, but のあとに理由を述べて遠回しに断る表現。

A: Can you tell me more about that experience? B: **Of course**.	A：その体験についてもう少し話してくれますか。 B：もちろん。
A: Can you help me with my homework? B: **No problem**.	A：宿題を手伝ってもらえますか。 B：いいですよ。
A: Thank you for everything during my stay. B: **My pleasure**.	A：滞在中はいろいろとありがとうございました。 B：どういたしまして。
A: Can I turn on the air conditioner? B: Sure, **go ahead**.	A：エアコンをつけてもいいですか。 B：もちろんです，どうぞ。
A: Shall I do it for you? B: **No, thank you**. I can do it by myself.	A：私が代わりにしましょうか。 B：いいえ，けっこうです。自分でできますから。
A: Do you have a few minutes after this? B: **I'm sorry, but** I have to go now.	A：このあと少し時間はありますか。 B：すみませんが，もう行かなければなりません。
A: Why don't we go shopping? B: **I'd like to, but** I have tennis practice.	A：買い物に行きませんか。 B：そうしたいのですが，テニスの練習があるんです。

LEVEL 1
LEVEL 2
LEVEL 3
LEVEL 4
会話表現

C 86 ▽ C 92

C93 ☑ Can you 〜?

〜してもらえますか。

- Will you 〜?（140）, Could you 〜?（141）
- 「〜できますか」の意味にもなる。**Can you** see that?「あれが見えますか」

C94 ☑ ask 〜 a favor

〜にお願いをする

- 〈ask ＋人＋ …〉「人に…を求める」の表現。 • ask a favor to 〜 や do me a favor でも表せる。Can you **do me a favor?**「あなたにお願いがあるのですが」

C95 ☑ Let's see.

ええと。, そうですね。

＝Let me see.
- 何を言おうか迷っていたり，言うことを思い出していたりするときのつなぎ表現。

C96 ☑ I mean, 〜.

つまり，〜。

- 直前に述べたことを，より正確に伝えるために言い直すときの表現。 • 直前に述べたことを訂正して「いやその〜」と言い直すときにも使われる。 • You mean 〜?（C41）

C97 ☑ Here you are.

はい，どうぞ。

- 相手にものを差し出したり渡したりするときの，相手に重点を置いた表現。

C98 ☑ Here it is.

はい，どうぞ。

- 相手にものを差し出したり渡したりするときの，差し出すものに重点を置いた表現。
- 探しものが見つかり「ここにあるよ」と示すときにも使われる。

C99 ☑ come on

さあ，がんばって，その調子だ

- 相手を励ますときの表現。 •「早く，急いで」と相手をせかす意味もある。**Come on**, it's time to go.「早く，もう出る時間だよ」

C100 ☑ Good luck.

幸運[成功]を祈ります。

- 相手の成功を期待してかける言葉。「がんばって」の意味でも使われる。

A: **Can you** help me clean the classroom? B: No problem.	A：教室を掃除するのを手伝ってもらえますか。 B：いいですよ。
A: Can I **ask** you **a favor**? B: Of course.	A：あなたにお願いをしてもいいですか。 B：もちろん。
A: Have you decided what to order? B: **Let's see**. I think I'll have pizza.	A：何を注文するか決まった？ B：そうだね。ピザにしようかな。
A: I like him. **I mean**, I respect him as a person. B: I see.	A：私は彼が好きです。つまり，人として尊敬しているのです。 B：なるほど。
A: May I see your ticket, please? B: **Here you are**.	A：チケットを拝見できますか。 B：はい，どうぞ。
A: Could you pass me the sugar? B: **Here it is**.	A：砂糖をとっていただけますか。 B：はい，どうぞ。
A: I can't do this any more. B: **Come on**, we're almost there!	A：これ以上はもう無理です。 B：がんばって，あと少しです！
A: I'm looking forward to your good news. **Good luck**! B: Thank you. I'll do my best!	A：よい知らせを楽しみにしています。がんばって！ B：ありがとう。全力を尽くします！

LEVEL 1
LEVEL 2
LEVEL 3
LEVEL 4
会話表現
C93 ▽ C100

- 本書で取り上げたおもな**熟語・会話表現**と掲載ページの一覧です。ページのうち**太字**は LEVEL 1〜4 の**見出し熟語**，細字はその**関連情報の熟語や表現**，*斜体*は**会話表現の見出し表現**とその**関連情報の表現**を表します。

B ～ C

G ～ I

T ~ Y

装丁デザイン　ブックデザイン研究所
本文デザイン　A.S.T DESIGN

本書に関する最新情報は, 小社ホームページにある**本書の「サポート情報」**を
ご覧ください。(開設していない場合もございます。)
なお, この本の内容についての責任は小社にあり, 内容に関するご質問は直接
小社におよせください。

中学 英熟語 500【ミニ版】

編 著 者　中学教育研究会	発行所	受 験 研 究 社
発 行 者　岡 本 明 剛	© 株式会社	**増進堂・受験研究社**

〒550-0013 大阪市西区新町 2—19—15
注文・不良品などについて：(06)6532-1581(代表)／本の内容について：(06)6532-1586(編集)